청소년들의 진로와 직업 탐색을 위한
잡프러포즈 시리즈 42

마음의 행복을 만들어주는 뷰티전문가

청소년들의 진로와 직업 탐색을 위한 잡프러포즈 시리즈 42

마음의 행복을 만들어주는
뷰티전문가

김승아 지음

TaLK SHOW

아름다움은
친절과 함께 산다.

- 윌리엄 셰익스피어, William Shakespeare -

미(美)는
예술의 궁극적 원리이며 최고의 목적이다.

- 요한 볼프강 폰 괴테 , Johann Wolfgang von Goethe -

C·O·N·T·E·N·T·S

C·O·N·T·E·N·T·S

얼마 전에 '비즈니스맨의 외모도 경쟁력이다!'라는 주제로 강의를 한 적이 있어요. 인간관계의 출발점인 첫 만남에서 첫인상 즉, 외모와 복장에서 풍기는 이미지는 매우 중요한 요소라는 내용이었죠. 만약 누군가에게 좋은 느낌을 주고 끌림을 통해 영향력을 행사하고 싶다면 가장 좋은 방법은 얼굴의 이미지를 바꿔보는 것이에요. 첫인상을 결정하는 요인을 보면 시각이 55퍼센트, 청각이 38퍼센트, 언어가 7퍼센트를 차지한다고 하잖아요. 말보다는 비언어적인 요소가 더 중요하게 작용한다는 뜻이죠. 긍정적인 시각적 이미지는 다른 사람의 마음을 공짜로 얻는 힘을 가져요. 사람들은 상대의 메시지를 받아들이기 전에 사람 자체를 먼저 받아들이는 경향이 있고요. 그런 이유로 인해 자신의 외모나 얼굴을 관리하려는 분들이 점점 늘고 있죠.

약속 장소에서 누군가를 기다리던 중에 근처에 있던 연세 지긋하신 어르신들이 만나 인사하는 장면을 보게 되었는데요. "어머 이게 몇 년 만이야! 넌 어쩜 피부가 그대로니! 주름이 하나도 없네! 얘 넌 머리숱이 아직도 풍성하다." 등등 오랜만에 만난 자리에서 시작된 대화는 온통 외모에 관한 이야기였어요. 앞서 얘기한 것처럼 우린 누군가를 처음 만나게 되면 가장 먼저 눈에 띄는 그 사람의 외모를 통해 상대의 이미지를 판단하기도 하지만, 아는 사람의 경우에도 외모나 외모의 변화를 통해 상대를 판단하거나 현재의 상태를 짐작하기도 해요. 첫인상은 오래 남기 때문에 첫 만남에서 좋은 이미지를 주는 것도 중요하지만, 외모는 늘 누군가에게 보이는 것이라 계속해서 돌보고 만드는 것도 매우 중요하죠.

한동안 자신을 돌보지 못하다가 아주 오랜만에 뷰티 숍에 와서 관리를 받고 행복해하는 분들을 종종 만나게 돼요. 외모가 경쟁력이라는 것도 알고 늘 보기 좋고 깔끔한 모습을 유지하고 싶지만 일에 육아에 살림에 치이다 보면 미용실에 가는 것조차 쉬운 일이 아니거든요. 바쁜 일상을 보내다 보면 외모를 가꾸고 관리하는 일은 뒷전이 되기도 하죠. 그러다 특별한 날을 맞은 분들이 뷰티 숍에 와서 관리를 받고 만족과 기쁨을 느끼는 모습을 보면 얼마나 보람되고 행복한지 몰라요. 뷰티전문가는 일을 통해 사람들에게 즐거움을 주며 그들과 기쁨의 순간을 함께 할 수 있는 멋진 직업이죠.

직업적인 성취나 뿌듯함 외에도 인간으로서 성장하는 경험도 할 수 있어요. 제가 30대 초반에 프랜차이즈 뷰티 숍을 시작했는데요. 숍에 찾아온 고객들을 관리하다 보니 고민이 하나 생기더라고요. 아무리 좋은 관리에 들어가도 피부에 변화가 없거나 체지방이 감량되지 않는 분들이 있었거든요. 난관에 부딪칠 때마다 관련 서적을 찾아 읽기 시작했어요. 그래도 해답을 찾지 못하면 피부 미용뿐만 아니라 우리의 정신과 심리, 호르몬과 관련된 책까지 읽어보았죠. 막연하게 생각은 했지만 실제로 공부를 해 보니 우리의 피부와 몸과 마음은 서로 연결되어 있다는 믿음이 생기더라고요.

　사람의 피부나 외모는 관리를 통해 나아질 수 있지만, 내면에서도 영향을 받는다는 믿음으로 상태가 잘 개선되지 않는 고객에게는 먼저 내면의 불편함을 해소해야 한다고 알려드렸어요. 몸과 마음이 편해야 우리의 피부와 표정도 바뀐다고요. 고객의 마음에 관심을 기울이고 대화를 이어나가다 보면 어떤 고객과는 깊은 속내까지 나누는 사이가 되기도 해요. 그럼 마음속에 담아두었던 고민이나 아픔을 얘기하기도 하는데요. 그럴 때 고객의 얘기에 공감하고 따뜻한 말로 위로를 해 주면 마음이 한결 가벼워졌다고 말하세요. 그런 과정을 통해 제가 오히려 위무를 받기도 하고요. 타인의 아픔에 공감하고 상대를 어루만지게 된다는 건 제가 성장하고 있다는 거겠죠?

학교나 학원에서 미용 기술을 배우면 누구나 뷰티전문가가 될 수 있겠지만 사람을 좋아하지 않는다면 좋은 뷰티전문가는 될 수 없다고 생각해요. 많은 분야가 그렇겠지만 이 일 역시 사람을 사랑하는 마음과 교감을 잘하는 감성이 있어야 좋은 직업인이 될 수 있죠. 사람을 좋아하고 그들의 얘기에 귀 기울일 수 있는 친구들에게 이 직업을 추천하는 이유예요. 거기에 더해 고객을 더욱 아름답게 만들 수 있는 상상력과 소비자의 요구에 민감하게 대처할 수 있는 친구라면 누구보다 크게 성장할 수 있을 거라 생각해요. 뷰티전문가를 꿈꾸며 오늘도 누군가의 외모를 가꾸고 있을 학생들에게 뷰티 멘토가 되고 싶은 바람으로 이 책을 쓰게 되었어요. 그 친구들이 앞으로 나아갈 길의 좋은 안내서가 되었으면 하네요. 여러분의 꿈을 응원할게요.

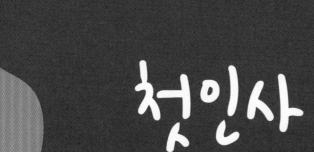

첫인사

편 – 토크쇼 편집자

김 – 뷰티전문가 김승아

편 먼저 자기소개를 부탁드려요.

김 안녕하세요? 저는 올해로 25년 차가 되는 뷰티전문가 김승아라고 해요. 특수 분장 및 방송 메이크업으로 일을 시작했고요. 8년간 화장품 회사에서 근무하다, 이후 프랜차이즈 뷰티 숍을 10년 넘게 운영하면서 해외 뷰티 강사로도 활동했어요. 현재는 신사동에서 샬롱드수라는 개인 뷰티 숍을 운영하고 있죠.

편 뷰티전문가란 뷰티 관련 직업들을 통칭하는 건가요?

김 맞아요. 미용 분야도 전문화되고 세분화되어감에 따라 피부 미용이나 헤어 외에도 특수 분장, 메이크업, 반영구 화장, 네일, 왁싱 등의 다양한 분야로 나뉘게 되었는데요. 이렇듯 다양한 직무 분야에서 활약하는 분들을 각각 피부관리사나 헤어디자이너, 공연예술사, 분장예술사, 메이크업아티스트, 네일아티스트, 왁싱전문가 등으로 부르기도 하지만 이들을 통틀어 뷰티전문가라고 하기도 하죠.

편 뷰티 산업 안에서도 꽤 다양한 일을 하셨네요?

김 저는 특수 분장 및 방송 메이크업 분야에서 일을 시작했는데요. 방송 특성상 밤에도 촬영을 하는 경우가 많았고 일하는 시간이 고정되어 있지 않아 육체적으로 굉장히 힘들었어요. 들쑥날쑥

한 업무시간이 오랫동안 규칙적이고 안정적인 생활을 해왔던 저와
는 잘 맞지 않더라고요. 가족들이 좀 보수적인 편이라 밤늦게까지
일하는 저를 걱정하기도 했고요. 그래서 방송 일을 접고 화장품 회
사에 입사했어요. 메이크업도 하고 신제품 론칭 쇼도 진행하며 8년
정도 근무했죠. 이후 한국의 미용 기술과 화장품 등을 해외에 알리
기 위해 강사로 활동하기도 했고, 지금은 뷰티 숍을 운영하고 있으
니 말씀대로 한 산업 분야에서 꽤 여러 가지 일을 해 봤네요.

편 뷰티전문가라는 직업을 선택하게 된 계기가 있을까요?

김 어려서부터 미용에 끌렸어요. 얼굴이나 머리를 아름답게 매만지는 것이 좋았죠. 열매를 따서 입술이나 손톱에 문질러 바르거나 젓가락을 데워 친구들의 머리를 말아주기도 하고, 학교 연극반에서 분장을 맡아 친구들의 얼굴을 등장인물에 맞게 꾸며주기도 했어요. 제 손길에 따라 친구들의 모습이 변화하는 게 재밌었고, 인상까지 바뀌는 것에 무척 매력을 느꼈죠. 색감에 굉장히 예민해서 색에 대한 관심도 많았어요. 학교 가는 길, 길가에 핀 꽃의 색도 예사로 지나치지 않았죠. 가지가 익어감에 따라 변화하는 보랏빛을 유난히도 자세하게 관찰했던 기억도 나네요. 그런 저에게 뷰티전문가는 예정된 수순이었다고나 할까요? 사람들을 아름답게 매만지는 일이 좋아 피부 미용을 공부하고 뷰티 산업계에 발을 내딛게 되었죠.

편 이 직업을 프러포즈하는 이유는 뭔가요?

김 평생직장이라는 말은 옛말이 되었죠. 그런 시대는 갔잖아요. 이제 중요한 것은 평생 쓸 수 있는 기술이라고 생각해요. 기술만 잘 연마해 놓으면 건강과 능력이 허락하는 한 계속 일할 수 있는 직업이 많은데요. 제가 하고 있는 이 일, 뷰티전문가도 마찬가지예요. 여자든 남자든 좋은 기술만 있다면 정년 걱정도 없이 오랫동안 일할 수 있죠. 게다가 전망도 밝은 분야예요. 남녀를 불문하고 더 나은 자신, 아름다운 자신을 위해 기꺼이 돈을 지불하는 사람들이 늘고 있거든요. 예술과 문화 산업의 확대로 인해 관련 분야의 고용률이나 창업률도 꾸준히 증가하는 추세고요. 수요가 늘면서 뷰티 산업 시장 역시 성장세를 지속하고 있어요. 이젠 전 세계 소비자들의 주목을 받으면서 케이 뷰티라는 영역까지 생겨났죠.

　뷰티전문가는 수준 높은 기술과 창의성으로 더 아름다워지고 싶은 사람들의 욕구를 충족시키며 뷰티 산업을 주도하고 있어요. 화장품 회사나 에스테틱 숍에서 혹은 저처럼 뷰티 숍을 경영하며 또는 스타일리스트, 메이크업아티스트, 공연예술사, 분장예술사, 뷰티매니저로 일하며 이 산업을 이끌어가고 있죠. 어린 친구들도 관심이 많은 분야라 이미 고등학교나 대학교에서 뷰티를 전공하려는 학생들이 많은 걸로 알고 있어요. 그런 한편 아직은 마음을 정하지 못하고 막연한 미래만 그려보는 사람도 있겠죠? 그 모든 친구들에게 이 직업이 얼마나 멋진 일인지 소개할 수 있어 기뻐요. 사람들을 아름답게 만들어주며, 한결 나아진 모습을 통해 자존감까지도 높여줄 수 있는 이 일, 뷰티전문가를 프러포즈해요.

하루 일과가 궁금해요.

편 하루 일과가 궁금해요.

김 뷰티전문가의 일과는 대부분 비슷할 거예요. 우선 제가 프랜차이즈 뷰티 숍을 운영할 당시의 일과를 말씀드릴게요. 뷰티 숍은 보통 예약제로 운영되기 때문에 출근을 하면 직원들과 함께 그날 예약된 고객 차트를 확인해요. 매니저는 이전 관리 내역이나 피부 관련 정보를 바탕으로 개인의 피부 상태나 성향 등을 고려해 뷰티전문가와 고객을 매칭해 주죠. 피부 관리란 게 사람의 손으로 하는 일이다 보니 개인별로 압이 다르고, 각자 더 잘하는 분야도 있기 때문에 매칭은 참 중요해요.

매칭이 끝나면 각자 시간대별로 예약된 고객을 맡아 관리를 하는 것이 주된 업무죠. 보통 한 사람당 한 시간에서 한 시간 반의 시간이 걸리고, 전신 관리의 경우 두 시간 정도가 걸리는데요. 한 명의 관리가 끝날 때마다 그날 했던 팩이나 시술 내용, 특이사항 등을 차트에 꼼꼼히 적어야 해요. 다음 관리에 참고할 수 있도록요. 모든 고객의 관리가 끝나고 다음 날 예약된 사항을 확인하면 하루의 일과가 모두 끝나죠.

지금은 개인 뷰티 숍을 운영하고 있는데, 이곳은 피부 관리 및 메이크업과 속눈썹 연장, 네일아트, 왁싱 이렇게 네 파트로 구성되어 있어요. 각 파트의 전문가들이 각자 자신의 영역에서 홍보와 SNS 마케팅을 하고 예약 고객을 받아 시술을 하고 있죠. 같은 공간에서 함께 일하기는 하지만 각자가 고객 관리와 매출 관리 업무를 하기 때문에 독립적이며 근무 시간도 자유롭게 활용할 수 있어요. 저희 숍의 경우 오전 10시 예약 고객을 받는 것으로 하루 일과를 시작하는데요. 바로 이 시간, 오전 10시부터 12시까지가 가장 바쁜 시간이에요. 자녀를 유치원이나 학교에 보낸 후 관리를 받으러 오는 분들이 많거든요.

점심을 먹고 나면 잠시 여유로운 시간이 찾아오기도 해요. 그럴 때면 새로운 프로그램을 만들거나 직원 교육을 하기도 하죠. 가끔은 이렇게 예약이 빈 시간에 직원들과 맛있는 음식을 먹으러 나가거나 벚꽃이 피는 계절이라면 가벼운 산책을 하기도 해요. 직장인들의 퇴근 시간인 오후 6시가 되면 다시 고객들이 많아져요. 그때부터 8시까지는 또 바쁘게 시술을 하며 보내게 되죠. 그게 지금의 제 일과인데, 저 같은 경우 시술과 더불어 뷰티 숍을 운영하는 다른 원장들이나 직장인을 상대로 교육도 하고 있어요. 해외에 소개할 화장품과 관련된 미팅도 진행하고 있고요. 그러다 보니 조금씩 일정에 변화가 생기기도 하는데, 그런 변화가 자칫 지루해질 수

Job
Propose 42

있는 일과에 활력소가 되기도 하죠.

편 출근 시간은 몇 시인가요?

김 보통 9시 30분에 출근해서 정리를 좀 하고 10시에 숍을 오픈해요. 요즘에는 거의 예약제로 운영하기 때문에 혼자 운영하는 1인 숍인 경우 출퇴근 시간이 꽤 자유롭죠. 어딘가에 소속되어 일하는 경우 여덟 시간 근무가 정착되어 있기 때문에 출퇴근 시간은 근무지에 따라 달라도 일하는 시간은 비슷하고요.

뷰티전문가가 일하는 곳은 어디인가요?

편. 뷰티전문가가 일하는 곳은 어디인가요?

김. 뷰티전문가 중 피부관리사는 피부관리실이나 화장품 회사에서, 네일아티스트는 네일 숍에서 일하고 있어요. 요즘엔 뷰티 숍의 한 편을 임대해서 네일 숍으로 사용하는 숍 인 숍 형태도 많죠. 헤어디자이너는 미용실에서, 메이크업아티스트는 메이크업 전문 숍이나 스튜디오, 방송국 등에서 일하고 있고요. 헤어디자이너나 메이크업아티스트의 경우 연예인 전속 아티스트로 일하거나 프리랜서로 일하며 출장을 다니기도 해요. 특히 주말이면 웨딩업체로 출장을 가는 일이 많죠.

시간이 날 때는 어떤 일을 하나요?

편 시간이 날 때는 어떤 일을 하나요?

김 시간이 나면 보통 뷰티 분야에서 유행하는 아이템들을 찾아봐요. 새로운 아이템 중에 괜찮은 제품이나 기기가 있으면 구입해서 테스트를 해 보기도 하죠. 요즘 핫한 관리 프로그램에는 어떤 것들이 있는지 조사도 하고요. 일정 제품만 사용하거나 같은 관리 프로그램만 지속하게 되면 고객들이 지루해할 수 있거든요. 고객 만족도를 높이기 위해 끊임없이 새로운 것들을 찾고 있죠.

편 요즘 주요한 관심사는 무엇인가요?

김 제가 해외 뷰티 강사 경험이 있어선지 우리나라 화장품을 수출하고 화장품과 연계된 관리 프로그램을 운영하는 것에 관심이 가더라고요. 계속해서 새로운 화장품이 쏟아져 나오는데, 그중에서 괜찮은 것이 눈에 띄면 직접 사용해 보고 만족스러운 것들을 골라 해당 제조사와 가격 협의를 거친 후 해외로 샘플을 보내고 있죠. 외국에서 반응이 좋을만한 것들을 찾고 연구하는 게 요즘의 제 관심사예요.

매력은 무엇인가요?

편 매력은 무엇인가요?

김 뷰티전문가라고 하면 보통 다른 사람의 외모를 예쁘게 만들어 주는 사람이라고 생각하는데요. 이 일을 할수록 제 직업이 사람의 마음을 행복하게 해 주는 일이라는 생각이 들더라고요. 관리를 받은 많은 분들이 심신이 이완되어 오랜만에 편안하게 쉬었다는 얘기를 해 주거든요. 마음이 정화되었다는 분들도 있고요. 그런 얘기를 하며 행복해하는 얼굴을 마주할 수 있는 것이 이 일의 가장 큰 매력이죠.

저희는 필연적으로 고객과 친밀한 관계를 유지할 수밖에 없어요. 뷰티전문가는 손으로 고객을 만지게 되고, 고객은 저희에게 몸을 맡기기 때문이죠. 피부 관리의 특성상 옷을 벗은 상태에서 관리를 진행하는 것도 이유 중 하나고요. 고객들은 다소 긴 시간을 가만히 앉아 있거나 누워 있어야 하니 이런저런 얘기를 하며 시간을 보내기도 해요. 그러다 상대의 공감이 느껴지면 더 깊은 속내나 고민을 꺼내기도 하죠. 기본적으로 피부가 맞닿는 친밀한 상황에서 그런 과정이 반복되면 관계는 더욱 끈끈해져요. 물론 이런 관계가 처음부터 성립되는 것은 아니에요. 처음 뷰티 숍을 방문해서 상담을

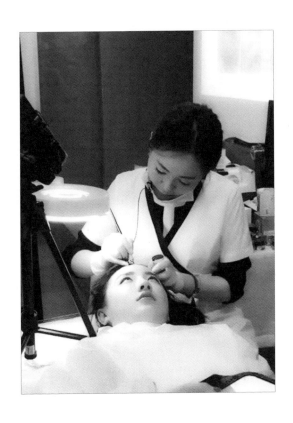

받는 분 중에는 경계하는 눈빛을 가진 사람들도 있죠. 그러나 한 번이라도 관리를 받고 나면 대부분은 저희를 따뜻하게 바라보세요. 오랜만에 즐거운 시간을 보냈다며 행복해하면서요. 그럼 저 역시 행복감을 느끼게 되는데, 그런 일이 자주 있다 보니 일하는 게 정말

즐겁죠.

그런데 이게 기계적으로 관리만 하고 고객과 소통하지 않는다면 절대 느낄 수 없는 감정이거든요. 저와 같은 기분을 느껴봤으면 해서 직원들에게 항상 하는 말이 있어요. 우리가 하는 일이 피부를 관리하는 일이라 무엇보다 기술이 중요하지만, 그 피부를 가진 사람에 대해 이해하는 일도 필요하다는 얘기예요. 사람에 대해 더 많이 알수록 그들을 더욱 행복하게 만들 수 있다는 믿음으로 그런 조언을 해 주고 있어요.

편 고객과 소통하는 방법을 구체적으로 얘기해 주신다면요?

김 고객의 몸을 만지는 순간 열감이 느껴지는 경우가 있어요. 목이 뜨겁다거나 두피 또는 얼굴에서 강한 열감이 느껴진다면 이미 스트레스가 차 있는 상황일 수도 있죠. 그럴 때 그와 관련된 말로 대화를 시작하는 거예요. '오늘 많이 피곤하셨나 봐요.', '오늘 스트레스받는 일이 있으셨나 봐요.'와 같은 질문으로 자연스럽게 상대의 아픈 부분을 어루만지는 것도 좋은 방법이거든요. 그럼 고객과 한결 가까워지며 친밀감이 형성되죠.

편 뷰티전문가라는 직업이 실생활에 유용하게 쓰이는 경우도 있을까요?

김 자신의 피부 타입에 맞지 않는 화장품을 사용하는 사람이 의외로 많아요. 피부가 예민하고 뾰루지가 나 있는 상태에서 고영양 제품을 쓰는 사람도 그런 경우죠. 뾰루지가 났는데 자꾸 영양을 주면 세균이 더 번식하게 되기 때문에 가벼운 제품을 사용하는 것이 좋아요. 그런 식의 피부나 화장품과 관련된 조언을 종종 해 주는데, 그럼 대부분의 사람들이 무척 좋아하죠. 딸들에게는 제 전문 기술을 이용해요.^^ 여드름이 나면 짜주기도 하고, 피부 마사지도 해 주며 자연스럽게 스킨십을 하는 거죠. 제가 일하는 엄마라 자주 옆에 있어 주진 못하지만 아이들과 항상 좋은 관계를 유지할 수 있는 건 함께 있는 시간만큼은 아이들에게 집중하고 스킨십도 자주 해서라고 생각해요.

단점에 대해 알려주세요.

편 단점에 대해 알려주세요.

김 단점이라면 일반 직장인이 쉬는 날이나 주말에도 일을 해야 한다는 거죠. 예약 일정이 오후 늦게까지 잡혀 있다면 퇴근 시간도 상당히 늦어지게 되고요. 직업병으로 고생을 할 수도 있어요. 예를 들어 피부전문가의 경우 손과 팔, 어깨와 같은 신체를 이용해서 강도가 센 마사지를 하다 보면 근육통이 생길 수 있어요. 에너지 소모가 많아 체력이 저하될 수도 있죠. 헤어디자이너의 경우 오래 서서 일하기 때문에 어깨나 관절에 무리가 갈 수 있어요. 네일아티스트 역시 바르지 않은 자세로 오랫동안 시술을 하게 되면 목이나 어깨에 무리가 가기 쉽고요. 특히 헤어나 피부는 굉장히 예민한 부분이라 고객이 만족하지 못할 경우 클레임의 강도가 무척 세서 이로 인한 스트레스가 심하다는 것도 단점이에요.

편 불만 고객을 상대하는 일도 중요하겠어요.

김 그렇죠. 고객이 많다 보니 저 혼자 모든 분을 관리할 수는 없어요. 처음엔 저에게 시술을 받았다 하더라도 다음에 왔을 때 일정이 맞지 않으면 다른 직원에게 시술을 받게 될 수도 있죠. 대부분은 그

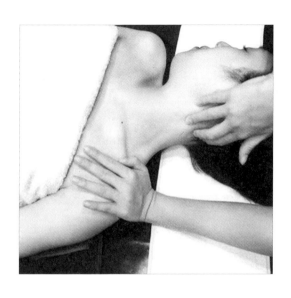

런 사정을 이해해 주지만, 간혹 강한 불만을 터트리는 분이 있어요. 아무래도 제가 직원들보다 경력이 많기 때문에 당연히 자신을 더 잘 관리해 줄 전문가라 생각하고, 지난번의 경험도 좋았기 때문에 저를 원하는 거겠죠. 그런 마음도 이해가 가기 때문에 가능하면 시간을 조정해서 관리를 해 드려요. 그런데 그런 분들이 많아지면 직원을 늘려도 제가 해야 하는 일이 계속 늘어나서 너무 힘들더라고요. 직원들이 저 정도의 실력이 되려면 시간이 꽤 걸리니 바로 해결되는 문제도 아니라 고민이죠.

기억에 남는 사건이나 에피소드도 많을 것 같아요.

 기억에 남는 사건이나 에피소드도 많을 것 같아요.

 그럼요. 뷰티 숍은 보통 직장인들의 퇴근 시간인 저녁 타임에 예약이 많거든요. 평소보다 예약이 많은 날 저녁이었어요. 기존 직원들은 모두 고객을 관리하고 있었고, 신입 직원 한 명이 예약 고객을 체크하고 있었죠. 예약 순서에 따르면 왁싱 고객이 오고, 그다음에 웨딩 고객이 올 차례였는데요. 웨딩 고객이 먼저 숍에 온 거예요. 그런데 예약 순서만 생각한 신입 직원이 웨딩 고객을 왁싱 고객인 줄 알고 담당 직원에게 데리고 갔어요. 다행히 한창 왁싱 준비를 하는 순간에 제가 그 모습을 보게 되었고 상황을 정리했는데, 하마터면 웨딩 손님께 왁싱 시술을 할 뻔했죠. 지금도 당시를 생각하면 정말 아찔해요.

또 다른 에피소드도 있는데요. 저는 고객의 얼굴에 팩을 올리기 전에 늘 폐소공포증이 있는지, 눈과 입을 막아도 괜찮은지 물어봐요. 신입 직원이 그런 제 모습을 눈여겨봤나 봐요. 어느 날 팩을 올리면서, '눈, 코, 입 막아드려도 될까요?'라고 하는 거예요.^^ 눈, 코, 입을 다 막으면 숨을 쉴 수가 없는데 말이에요. 고객이 유쾌한 분이라 살려만 달라고 농담으로 받아 줘서 고객과 직원들이 다 함께 웃었던 일도 있었죠.

편 해외 활동을 많이 하셨잖아요. 외국에서의 에피소드가 있다면 소개해 주세요.

김 특별한 에피소드는 없고, 중국에서의 일당이 국내에선 생각하기 힘든 높은 금액이었던 게 꽤 인상적이라 기억에 남아요. 제가 뷰티 숍을 5년 정도 운영했을 때 슬럼프가 왔는데요. 뭔가 새로운 일을 해 보고 싶어서 고민을 하던 차에 대학원 공부를 하게 되었고, 나도 학생들을 가르쳐보자는 생각이 들어 학교에서 강의를 하게 되었어요. 당시 케이팝 열풍이 불어서 케이 뷰티도 관심을 받기 시작할 때라 국내뿐만 아니라 중국 하얼빈에서도 뷰티 교육을 할 기회가 왔죠. 감사하게도 반응이 좋아서 점차 중국 전역으로 활동 범위를 넓혀갈 수 있었고요. 그 당시엔 중국 내 뷰티 시술의 단가가 해당 전문가의 프로필이나 시술 장소에 따라 다르게 책정되었고, 한국 강사의 강의료가 매우 높았던 때라 굉장히 많은 금액을 받고 시술을 하거나 수업을 진행했었죠.

중국에서 인상 깊었던 것 또 한 가지는 학생들의 실력이 굉장히 빨리 늘었다는 거예요. 기본적인 재능이 많다기보단 실습을 워낙 많이 했기 때문이죠. 교육 현장에 가면 열두 시간씩 기차를 타고

온 학생도 있었고, 비행기를 타고 온 학생도 있었어요. 비싼 돈을 내고 오랜 시간을 들여 참석해서 그런지 배우겠다는 의지와 열정이 정말 대단했죠. 실습 현장에 남편과 동행해 마취도 하지 않은 남편의 눈썹을 긁고 있는 모습을 봤을 땐 정말 놀랐고요. 단기간에 수많은 시술을 경험하다 보니 다른 어떤 나라 사람들보다 실력이 빨리 늘었던 게 아닐까 싶어요.

편 중국에 거주하면서 활동하신 건가요?

김 아니요. 국내에서 여전히 뷰티 숍을 운영하고, 또 대학에서 강의를 하고 있었기 때문에 출장을 다녔어요. 저희 숍에서 오랫동안 일했던 실장이 전체적인 관리를 도맡아 했고, 저는 한 달에 2~4회 정도 중국으로 가서 교육을 했죠.

일을 하다 보면 어려움이나
문제가 생기는 경우도 있을 것 같아요.

편 일을 하다 보면 어려움이나 문제가 생기는 경우도 있을 것 같아요.

김 아무래도 뷰티 숍을 운영하는 입장에서는 직원을 관리하는 일이 가장 힘들더라고요. 고객들의 예약 일정을 다 잡아놓은 상태에서 갑자기 출근을 하지 않는 직원이 생각보다 많거든요. 아는 원장님이 겪은 일인데요. 기술만 배우면 되니 다른 조건은 하나도 필요 없고 일만 하게 해 달라고 온 직원이 있었대요. 처음엔 열심히 배우다가 어느 정도 기술을 익혔다 싶으니까 느닷없이 월급에 꼬투리를 잡아 노동청에 신고하는 바람에 고생을 했다고 해요. 쉽게 말을 바꾸거나 권리는 찾으면서 의무는 다하지 않는 무책임한 직원들을 자주 보면서 사람을 다루는 일이 정말 어렵다는 생각을 많이 해요. 그런 이유로 1인 숍을 운영하는 원장들이 점점 많아지고 있어요. 사람 때문에 고민하느니 규모가 작더라도 마음 편히 일하고 싶은 그 마음을 누구보다 잘 알죠.

편 일을 하면서 가장 고민되는 점이 있다면요?

김 아무래도 제 일이 몸을 사용하는 일인 만큼 나이가 들어서도 지금처럼 잘 해낼 수 있을지, 그런 고민을 하죠. 제 직업을 사랑하기 때문에 가능한 오래 일할 수 있도록 건강에 관심을 기울이고 체력을 다지기 위한 노력을 하고 있고요.

일을 잘 수행하기 위해
따로 노력하고 있는 것이 있나요?

편 일을 잘 수행하기 위해 따로 노력하고 있는 것이 있나요?

김 뷰티 숍의 관리만으로 좋아지지 않는 분들을 위해 더 근본적인 해결책을 찾고자 늘 공부하고 있죠. 저는 메이크업으로 뷰티업계에 입문하게 되었는데요. 아무리 좋은 제품으로 화장을 하더라도 고객의 피부 상태가 좋지 않으면 화장이 잘 받지 않더라고요. 그런 경험을 계속하다 보니 피부에 관심을 가지게 되었어요. 그런데 피부를 잘 관리해 주고 좋다는 제품을 발라도 피부가 개선되지 않는 경우도 많았어요. 왜 그럴까 공부해 보니 우리의 피부는 오장육부의 상태가 드러나는 기관이라 몸의 상태에 큰 영향을 받는다는 걸 알게 되었죠. 예를 들어 얼굴에 뾰루지가 났다면 장의 염증으로 인해 그렇게 되기도 한다는 거예요.

그런 사실을 알게 되자 자연스럽게 해독과 이너뷰티, 건강에도 관심을 기울이게 되었죠. 그런데 여기서도 의문이 생겼어요. 건강까지 신경을 쓴 프로그램을 적용했음에도 상태가 좋아지지 않는 분들이 있었거든요. 그 부분을 더 연구해 보니 그런 분들은 대게 심리적인 문제가 있더라고요. 해소되지 못한 스트레스로 인해 건강 상태가 개선되지 않았던 거예요. 그런 분들에게 뷰티전문가로서 어떤 도움을 드릴 수 있을지 계속 공부하고 있어요.

편 구체적인 사례가 있다면 소개해 주세요.

김 피부에 윤기가 나도록 관리를 해 주었는데 자꾸만 뾰루지가 올라오는 고객이 있었어요. 대화를 통해 식습관은 어떤지, 복용하는 약이 있는지, 건강 상태는 어떤지 등을 물었죠. 얘기를 들어보니 아버지와 어머니가 혈액과 관련된 지병이 있었어요. 그 고객도 부모의 영향을 받아 어떤 병이 생겨 피가 깨끗하지 않았고요. 이런 경우 아무리 관리를 해도 쉽게 좋아지지 않기 때문에 근원적인 치료를 해 줘야 해요. 한의원 치료나 해독 프로그램을 먼저 받은 후 피부 관리를 받으라고 권해 주었죠.

여드름이 난 고객도 많은데요. 여드름 역시 클렌징을 잘못해서 생기는 경우가 있고, 몸이 좋지 않아 생기는 경우가 있어요. 여드름 압출 시 나오는 피가 맑은 사람도 있지만 끈적끈적한 사람도 있는데, 이에 따라 여드름의 발생 원인을 유추해 보고 각각에 맞는 조언을 해 주고 있죠. 대화를 통해 식생활 습관이나 물 마시는 양 등을 확인해 이것으로 어느 정도 개선이 가능해 보이면 그런 방향으로 제안을 하기도 하고요. 여드름 문제로 고민하는 분들께 저희 숍의 관리만 받으면 모두 해결된다는 식으로는 절대 얘기하지 않아요. 몸의 이상으로 인해 생기는 여드름인 경우 위 경우와 마찬가지로 한의원 치료나 해독 프로그램을 먼저 추천하죠.

스트레스는 어떻게 해소하나요?

편 스트레스는 어떻게 해소하나요?

김 저는 걷기 운동이나 등산을 통해 스트레스를 풀어요. 뷰티전문가는 늘 사람들과 만나고 그들과 신체를 접촉해야 하기 때문에 항상 안정적인 컨디션을 유지하고 좋은 에너지를 가지고 있어야 한다고 생각해요. 술을 마시고 지쳐 있는 상태에서 손님의 피부를 만지게 되면 나쁜 영향을 끼친다고 믿기 때문에 남들처럼 술로 스트레스를 푸는 일은 없죠. 실제로 제가 얼마 전에 피부 마사지를 받았는데, 마사지하는 분한테 담배 냄새가 심하게 났어요. 마사지를 받는 내내 불쾌했는데, 그런 느낌 때문이었는지 관리 만족도가 굉장히 떨어지더라고요. 사람과 대면하는 일을 한다면 컨디션 조절뿐만 아니라 기운이나 체취처럼 상대방에게 영향을 끼칠 수 있는 것들에도 신경을 써야겠죠.

편 이 일을 하면서 좌절감을 느끼거나 포기하고 싶었던 순간이 있었나요?

김 좌절감을 느낀 적은 없었고요. 가끔 슬럼프가 올 때가 있었는데, 뷰티업계가 워낙 다양하다 보니 다른 분야를 경험하면서 극복

할 수 있었죠.

Job

성취감을 느끼는 순간이 있나요?

편 성취감을 느끼는 순간이 있나요?

김 당연히 고객이 만족할 때 가장 큰 성취감을 느끼죠. 반영구 화장을 할 때였는데, 입술에 화상 흉터가 있는 분이 오셨어요. 흉터가 잘 보이지 않게 입술 라인을 정리해 주었더니 매우 좋아하셨죠. 입술에 백반증이 있던 분에겐 색을 살짝 넣어주었더니 생기 있어 보인다며 마음에 들어 하셨고요. 굉장히 쳐진 눈썹을 가진 분에겐 끝부분을 살짝 올려주어 보기 좋게 만들어주고, 탈모가 심한 분에겐 두피에 색을 입혀준 적도 있는데요. 아주 만족해하는 두 분을 보면서 콤플렉스로 힘들어하는 고객에게 극복할 수 있는 길을 열어주었다는 생각이 들어 정말 뿌듯하더라고요.

편 이 일을 꾸준히 해 나가는 원동력은 무엇인가요?

김 이 일이 제 적성에 잘 맞고 무엇보다 좋아하는 일이기에 지금까지 해올 수 있었는데요. 아이가 생기고 나서부터는 아이들이 제 직업을 존중하고 때론 선망하는 것을 볼 때 큰 힘이 나더라고요. 늘 저를 자랑스럽게 생각하고 친구들에게도 자랑하는 모습을 보면 더 잘해야겠다는 생각도 들었고요.

뷰티전문가를 꿈꿨을 때와
뷰티전문가가 되고 난 후 달라진 점이 있다면요?

편 뷰티전문가를 꿈꿨을 때와 뷰티전문가가 되고 난 후 달라진 점이 있다면요?

김 이 일을 하기 전엔 수줍음이 좀 많았어요. 뷰티업계에 들어와 늘 사람을 상대하고 상담도 많이 하다 보니 어느새 새로운 누군가를 만나도 어색함이나 불편함이 느껴지지 않았죠. 고객들과 대화를 많이 나누며 감정을 교류하면서 사람들에게 열린 마음을 갖게 된 것도 달라진 점 중 하나고요.

어떤 마음의 자세로 일하세요?

편. 어떤 마음의 자세로 일하세요?

김. 남자 고객들과 대화를 나눠보니 자신을 돌보는 것보단 돈을 버는 일에만 관심을 두고 살아온 분이 꽤 많더라고요. 그런 분들의 경우 아주 오랜만에 혹은 생애 처음으로 피부 관리를 받고는 굉장히 새로운 경험을 했다며 기뻐하기도 하고 놀라기도 해요. 더 많은 분이 이런 순수한 기쁨을 느끼고 편안한 시간을 보낼 수 있도록 세심하게 신경을 쓰고 있죠. 뷰티전문가로서 사람들이 자신을 돌보고 사랑하는 방법을 제시하는 것이 제 역할 중 하나라고 생각해서 고객들이 좋아할 만한 새로운 프로그램은 무엇일까 늘 고민하고 있고요.

뷰티 교육자로 발돋움하게 된 계기도 궁금해요.

편 뷰티 교육자로 발돋움하게 된 계기도 궁금해요.

김 학생들에게 꿈과 희망의 멘토가 되고 싶다는 마음이 생겼거든요. 시골에서 평범한 유년 시절을 보내고 아무것도 없는 상태에서 이 일을 시작했지만, 열정을 가지고 꾸준히 노력했더니 그래도 전문가라는 말을 듣는 위치까지 오게 되었어요. 그동안의 경험을 뷰티전문가를 꿈꾸는 친구들과 공유하고 싶어 교육자의 길에 들어서게 되었죠.

편 어떤 교육을 하시죠?

김 처음엔 대학에서 뷰티 서비스와 대인관계 기술을 강의했어요. 대학이 파주에 있어서 9시 수업이면 교통 체증을 고려해 새벽 5시에 일어나 7시까지 학교에 출근했죠. 제가 가르쳤던 세 과목을 하루에 모두 몰아서 늦은 시간까지 강의했고요. 힘든 일정이었지만 박사 학위까지 받고도 강단에 서지 못하는 사람이 많은데, 기회가 되어 학생들 앞에 설 수 있게 된 것에 감사했어요. 이후엔 뷰티 숍의 원장을 대상으로 새로운 관리 프로그램 등을 강의했어요. 해외에서는 화장품이나 한국식 피부 관리법, 미용기기, 반영구 화장 등

뷰티와 관련된 다양한 교육을 했고요.

뷰티전문가라는 직업에 대해 소개해 주세요.

(편) 뷰티전문가라는 직업에 대해 소개해 주세요.

(김) 뷰티전문가란 뷰티 분야에 상당한 지식과 경험을 가지고 이 분야를 연구하거나 관련된 다양한 분야에 종사하는 사람을 말하죠. 뷰티 분야는 크게 피부와 헤어, 네일, 메이크업 네 분야로 나뉘는데, 해당 전문가를 피부관리사나 헤어디자이너, 네일아티스트, 메이크업아티스트로 부르기도 하지만 뷰티전문가라고 통칭하기도 해요. 구체적으로 얘기하면, 피부관리사란 얼굴부터 발끝까지 몸 전체의 피부 상태를 건강하고 청결하며 탄력 있게 관리하는 사람을 말해요. 헤어디자이너는 고객에게 적합한 머리 스타일을 연출하고, 머리 손질과 관련된 서비스를 제공하는 사람이죠. 네일아티스트는 고객의 손이나 손톱, 발톱의 건강과 미용을 관리하는 전문가예요. 메이크업아티스트는 분위기와 상황에 맞는 화장을 통해 아름다움을 연출하는 전문가고요.

(편) 뷰티전문가는 보통 혼자 일하나요, 팀을 이뤄서 일하나요?

(김) 최근 들어 1인 뷰티 숍을 창업하는 경우가 늘고 있지만, 여전히 많은 분들이 큰 규모의 프랜차이즈 숍을 오픈하거나 각 분야의

전문가들이 팀을 이뤄 함께 숍을 오픈하기도 해요. 뷰티 숍을 혼자 운영하는 건 매우 힘들거든요. 우선 숍을 오픈하려면 돈이 많이 들기 때문에 비용에 대한 부담이 크죠. 신체를 사용하는 일이라 다른 사람과 일을 분담하지 않으면 체력 소모도 많아요. 뷰티에는 다양한 분야가 있기 때문에 혼자서 하나의 영역만 다루면 접근성도 떨어질 수 있고요. 고객의 입장에서 보면, 뷰티와 관련된 서비스를 원스톱으로 받을 수 있다는 장점이 있어요. 하나의 장소에서 여러 가지 서비스를 받을 수도 있고, 헤어 손질 중에 다음 단계를 기다리며

네일아트를 받는다면 시간도 절약할 수 있죠. 그런 여러 가지 이유로 전문가들이 모여 하나의 숍을 함께 운영하는 경우가 많아요. 저역시 해외에서 뷰티 강사로 일할 때 워낙 강연 요청이 많아 혼자서는 도저히 뷰티 숍을 운영할 수 없어 팀을 구성해 일하기 시작했고, 지금도 여러 분야의 전문가와 함께 뷰티 숍을 운영하고 있죠.

편 어떤 분야의 전문가들과 일하시나요?

김 네일아티스트와 속눈썹전문가, 왁싱전문가와 함께 일하고 있어요. 저는 피부 관리와 반영구 화장을 맡고 있고요. 이제 곧 메이크업아티스트도 함께 일할 예정이죠.

구체적으로 어떤 일을 하나요?

편 구체적으로 어떤 일을 하나요?

김 헤어디자이너는 고객의 얼굴이나 머리 형태, 모발의 상태나 형태, 손상 정도 등을 확인한 후 머리 모양을 권해요. 고객이 원하는 머리 모양을 결정하면 가위나 빗, 염색제, 각종 미용 설비를 사용하여 머리를 자르거나 염색 또는 퍼머를 하죠. 고객 스스로 헤어스타일을 연출할 수 있는 방법이나 모발을 건강하게 가꾸는 방법 등을 조언하기도 하고요. 네일아티스트는 고객과 함께 미용 관리에 대한 계획을 세우고, 방향이 결정되면 고객의 손이나 손톱, 발톱을 알코올 등으로 소독해요. 소독된 부위에 매니큐어나 광택제가 발려 있으면 제거하고, 각종 물품이나 도구를 이용해 시술을 하죠. 피부 및 각질에 손상이 가지 않도록 주의해 시술하며, 정돈이 끝나면 고객이 원하는 색상이나 문양으로 장식을 하고요. 메이크업아티스트는 고객의 요구를 파악하고 외상이나 얼굴 특성에 따라 화장을 해 줘요. 메이크업이 끝나면 머리나 의상과 조화를 잘 이루는지 점검하고, 화장법에 대한 조언을 하기도 하죠.

저와 같은 피부관리사는 고객과의 상담을 통해 피부 유형을 파악하고, 그들에게 적합한 피부 관리법을 소개해요. 모공 관리나

여드름 관리, 얼굴 윤곽 관리, 주름이나 피부 처짐 방지, 노화 방지, 손상 피부 회복 등 고객이 원하는 부분을 집중적으로 개선하는 프로그램을 계획하고 설명하죠. 고객이 서비스를 신택하면 피부 유형에 맞는 화장품과 미용 기구, 마사지, 팩 등을 이용해 관리에 들어가요. 얼굴뿐만 아니라 몸 전체의 피부를 관리해 주는 일도 하고 있죠. 전신 관리는 등과 하체, 복부 관리로 나누어져 있고요. 우리 몸은 미세혈액순환 장애 등으로 인해 셀룰라이트가 생기기도 하는데, 이는 여성의 하복부나 허벅지, 엉덩이에 주로 발생해요. 셀룰라이

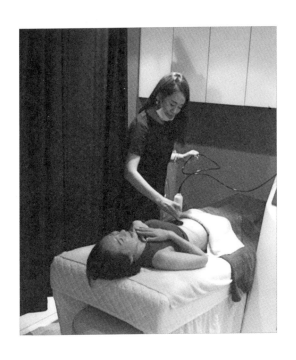

트가 울퉁불퉁하게 뭉쳐 있는 모습이 보기 싫어 오는 분이나 다이어트를 위해 방문하는 분이 많아 셀룰라이트를 제거하거나 전체적인 보디라인을 슬림 하게 만드는 프로그램을 주로 진행하고 있죠.

언제부터 이 직업이 생겼는지 궁금해요.

편. 언제부터 이 직업이 생겼는지 궁금해요.

김. 우리 인간은 자신의 단점은 감추고, 장점은 부각시키려는 본능을 타고났는데요. 이런 본능이 화장을 탄생시켰다는 설이 있는 만큼 화장의 역사는 인간의 역사와 기원이 비슷하지 않을까 싶네요. 그렇다면 화장을 해 주는 직업도 꽤 오래전에 생겼을 것 같고요. 실제 역사를 보면 5만 년 전부터 화장을 하기 시작했다는 흔적이 발견되었어요. 네안데르탈인이 화장용 색소를 담아두던 조개껍데기가 발굴되었죠.

이후 고대 이집트인들은 뜨거운 태양빛을 막기 위해 화장품과 화장법을 개발했어요. 당시 클레오파트라는 눈썹을 짙게 그리고 아이섀도를 이용해 스모키 화장을 했으며, 부드러운 피부를 위해 설탕으로 각질을 제거하거나 아침, 저녁으로 우유 목욕을 했다고 해요. 알로에를 이용해 피부에 수분을 보충하기도 했고요. 우리나라의 경우 고구려 벽화에서부터 양볼에 연지를 바른 여성들을 볼 수 있죠. 조선시대에 와서는 명주실을 이용해 실 면도를 하기 시작했고, 박가분이라는 화장품이 처음 만들어지기도 했어요.

편 국내에 미용실이 생긴 건 언제부터인가요?

김 1920년에 생긴 경성미용원이 최초의 미용실이라고 해요. 이후 화신백화점 내에 화신미용부라는 곳이 개업했는데, 이곳에서는 오엽주라는 원장이 퍼머를 해 주기도 하고 피부와 모발 관리, 매니큐어, 신부 화장 등을 해 주었대요. 심지어는 쌍꺼풀 수술도 했고요.

우리가 알만한 유명한 뷰티전문가가 있나요?

편 우리가 알만한 유명한 뷰티전문가가 있나요?

김 헤어디자이너나 메이크업아티스트들은 워낙 방송 출연을 많이 하다 보니 유명한 분이 많은데요. 피부전문가는 상대적으로 덜 알려져 있죠. 오래전에 안영이라는 분이 활동을 했었는데, 피부 관리 분야에서는 꽤 이름이 알려진 분이었어요. 특이하게 주걱을 이용해 근육을 문지르며 윤곽을 교정하셨죠. 유명하기도 하고 제가 존경하기도 하는 분이 또 한 분 있는데요. 바로 인체의 비밀을 푸는 신비의 다섯 가지 테라피를 개발하신 김희자 교수님이세요. 교수님은 30년 이상의 꾸준한 연구와 현장 경험을 바탕으로 다섯 가지 테라피라는 미용 도수 기법을 만드셨죠. 이는 인체의 구조적인 엉킴을 해소시키기 위해 해부학과 생리학, 동양학을 융합해 개발한 기법으로 지금도 많은 뷰티 숍 원장들이 활용하는 방법이에요.

뷰티전문가로 활동하는 사람이 얼마나 될까요?

편 뷰티전문가로 활동하는 사람이 얼마나 될까요?

김 뷰티전문가로 활동하는 사람의 수는 정확히 알 수가 없어서 피부미용업이나 미용 관련 서비스업 등 뷰티와 관련된 서비스업 종사자 현황을 알아봤는데요. 2016년 통계청 자료에 따르면 전국에서 약 30만 명 정도가 뷰티서비스업에 종사한다고 해요.

편 국내에 뷰티전문가 단체나 협회가 있나요?

김 미용 산업의 발전과 미용인의 위상 제고를 위해 설립된 대한미용사협회가 있어요. 회원들의 친목을 도모하고, 공중위생과 국민 보건 향상에 기여하기 위한 노력을 하고 있죠.

편 남녀 비율은 어떻게 되나요?

김 여성의 비율이 높은 편이에요. 앞서 얘기한 뷰티서비스업 종사자 30만 명의 성별을 보면 여성이 28만 명, 남성이 2만 7천 명 정도죠. 꽤 오래전부터 헤어나 메이크업 분야에서는 남성의 활약이 있었지만 피부나 네일 분야는 그렇지 못했는데요. 최근 들어 남성 피부관리사의 숫자가 꾸준히 늘고 있어요.

편 여성 고객의 입장에선 남성 피부관리사가 좀 꺼려질 것 같은데요.

김 그런 생각을 가진 분들이 많은데요. 남성의 힘이 센 편이라 마사지를 받으면 시원해서 좋다는 분들도 있어요. 한번 경험한 분들은 압이 센 남성 피부관리사를 계속 찾기도 하죠. 제가 아는 남자 선배는 양주에서 피부관리실을 운영하고 있는데, 관리를 아주 잘해서 여성 고객들이 매우 많다고 해요. 피부 관리 업무를 하다 중간에 그만두는 사람 중에는 체력의 한계를 느껴 그런 결정을 하는 분이 많은데, 남성의 경우 상대적으로 체력이 강해 그런 이유로 중간에 포기하는 경우는 거의 없는듯해요.

외국의 뷰티전문가와 다른 점이 있다면요?

편 외국의 뷰티전문가와 다른 점이 있다면요?

김 하는 일에서 특별히 다른 점은 없어요. 그렇지만 미국 같은 경우 미용에 드는 비용이 비싸니 수입도 그만큼 높겠죠? 그런데도 우리나라 분들보다 실력은 떨어져서 한국에서 이민을 간 사람들 얘기 들어보면 만족도가 떨어진다고 해요. 그러다 보니 외국에서 일하는 한국 전문가나 한국에서 기술을 연마한 분들의 인기가 높죠.

편 해외로 진출하는 사람이 많은가요?

김 코로나19 발생 전까지만 해도 해외로 진출하는 뷰티전문가들이 많았어요. 방금 전에 얘기했듯이 외국에서는 헤어나 메이크업, 피부 관리 등에 드는 비용이 아주 비싼데, 그에 비해 실력은 떨어지거든요. 헤어만 해도 미국은 가격이 우리나라의 몇 배인데, 퍼머도 잘 못하고 머리를 태우는 일도 종종 있죠. 새로운 스타일을 연구하고 권유하는 일도 잘 없고요. 그런 상황에서 케이 뷰티의 열풍까지 불어 손재주 좋은 우리나라 전문가들이 크게 활약할 수 있었어요. 학생들도 해외 취업을 통해 뷰티전문가의 꿈을 이룰 수 있었고요.

우리나라의 성형 실력도 세계적인 수준이잖아요. 일부 뷰티전문가들은 성형외과 전문의들과 연계해 세계로 진출하여 시너지를 내기도 했어요. 저 역시 해외 출장 시 성형외과 전문의를 대동하고 다니기도 했고요. 지금은 코로나19로 인해 직접 진출을 하기는 어렵지만, 온라인을 통해 세계 시장을 공략할 수는 있겠죠. 실제로 많은 전문가들이 다양한 뷰티 콘텐츠를 제작하고 유튜브 등에 올리면서 한국형 뷰티 서비스가 각광을 받고 있어요. 화장품업계 또한 온라인 쇼핑몰 플랫폼을 재구성하고, 현지 업체와의 MOU를 통해 새로운 길을 모색하고 있는 만큼 해외에서의 케이 뷰티 열풍은 한동안 지속될 것 같네요.

편 코로나19의 영향으로 변화된 점이 더 있다면요?

김 코로나19를 예방하기 위해 마스크를 쓰면서 우리의 피부는 매우 예민해졌어요. 마스크 착용 일상화로 인해 피부 트러블과 관련된 고민을 얘기하는 사람들이 늘어났죠. 면역 케어와 건강이 화두가 되면서 건강한 피부에 대한 수요가 늘어났고, 더마코스메틱 Dermocosmetic 시장이 그 어느 때보다 커진 것도 큰 변화 중 하나예요. 마스크 착용은 색조 화장에도 영양을 끼쳤어요. 마스크로 코와 입을 가리게 되면서 립스틱의 인기는 하락하고, 상대적으로 아이 메이크업 제품의 매출이 늘었죠. 실제로 유튜브에선 눈을 강조하

는 온라인 수업 메이크업이나 화상 면접 메이크업 같은 콘텐츠가

인기라고 하네요.

수요는 어떤가요?

편 수요는 어떤가요?

김 인구는 감소 추세지만 뷰티 시장은 더욱 확대될 거라 예상하고 있어요. 건강하고 맑은 피부나 동안에 대한 욕구가 점점 커지고 있거든요. 자기 자신을 꾸미는데 투자를 아끼지 않는 사람도 늘고 있죠. 나이가 많은 분들도 관리를 통해 노화를 늦추고 탄력을 유지하고 싶어 하고요. 실제로 뷰티 숍을 찾는 고객의 연령대가 계속해서 높아지고 있죠. 특히 요즘에는 남성 화장품 시장이 크게 성장하고 있어요. 기초화장과 클렌징을 넘어 색조 화장을 하는 남성이 많아졌죠. 눈썹을 그리고 아이섀도와 립글로스를 바른 남성이 이젠 더 이상 특별하지 않잖아요. 반영구 화장을 하거나 피부 관리를 받는 남성 고객도 점점 증가하는 추세고요. 젊음과 아름다움을 원하는 인간 본성이 사라지지 않는 이상 이런 흐름은 계속될 거라 생각해요.

미래에도 필요한 직업인가요?

편. 미래에도 필요한 직업인가요?

김. 4차 산업혁명으로 인해 인공지능이 여러 가지 직업을 대체할 것이라는 전망이 나오고 있는데요. 뷰티전문가처럼 신체의 일부를 사용하며, 인간 특유의 미적 감각과 섬세한 손놀림을 필요로 하는 일은 인공지능이 대체하기 어려울 거라 생각해요. 우리는 보통 피부를 지성과 건성, 복합성 등으로 나누지만, 실제 우리의 피부는 그렇게 단순하게 구분되지 않아요. 같은 건성이어도 사람마다 더 건조한 부위가 있거나, 건조함 외에 다른 문제를 안고 있어 복합적으로 관리를 해야 하는 경우도 있죠. 얼굴의 특징이나 머릿결, 피부톤, 미의식 역시 모두 다르고요. 고객 한 명 한 명의 상태와 그들의 니즈를 예민하게 파악하고 컨디션에 따라 적절한 관리를 해 주는 것은 인간이 아니라면 하기 어려운 일이라는 거예요.

인공지능의 발전으로 AI가 데이터를 기반으로 화장품을 추천하고, 사용자가 선택한 제품을 얼굴 사진에 적용해 보는 기술은 더욱 정교해질지도 모르겠어요. 스타일에 변화를 주기 전에 다양한 머리 모양을 자신의 사진에 적용해 주는 기술이나 피부 상태를 분석하는 기술도 그렇고요. 그렇지만 가상으로 화장을 하고 머리를 손질하는 기술을 구현하는 것과 실제 기계가 직접 사람을 매만지는 기술을 구현하는 것에는 굉장한 차이가 있죠. 어마어마한 기술의 혁신이 있지 않고서는 인간의 섬세한 손은 계속해서 필요할 거예요. 한동안은 고객의 요구와 시대의 변화에 대응하기 위해 인공지능 기술을 활용하는 수준, 어드바이저의 역할에서 더 나아가기는 어려울 것 같다는 생각이 드네요.

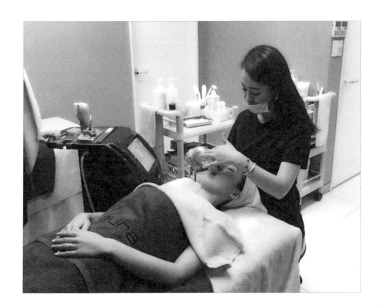

뷰티전문가가 되려면 어떤 과정이 필요한가요?

편 뷰티전문가가 되려면 어떤 과정이 필요한가요?

김 연령에 따라 다른데요. 어려서부터 뷰티 분야에 관심이 많아 일찍 진로를 결정했다면, 뷰티고등학교 또는 뷰티학과가 있는 고등학교에 진학하는 것으로 과정을 시작할 수 있겠죠. 우선 해당 고등학교에 입학해서 미용 전문 지식과 실무 능력을 습득한 후 피부미용 국가자격시험에 응시해 자격을 취득해야 해요. 이후 더 전문적인 교육을 받고 싶다면 전문대학이나 4년제 대학에 진학할 수도 있고요. 고등학교 혹은 대학을 졸업하고 자격을 취득한 후에 뷰티 숍을 운영하거나 관련 업체에 취업해 경력을 쌓으면 뷰티전문가가 될 수 있죠. 성인이 된 후에 뷰티 분야에 관심이 생겼다면 대학이나 학원, 노동부 관할 직업훈련학교, 시·군·구 관할 여성발전센터 등에서 전문화되고 세분화된 교육을 받은 후 자격증을 취득해야 해요. 이후 마찬가지로 뷰티 숍을 운영하거나 관련 업체에 취업해 경력을 쌓으면 되죠.

편 학원에서 교육을 받고 자격증을 취득하기까지 보통 얼마의 시간이 걸리나요?

김 분야마다 짧게는 한 달부터 3개월, 6개월, 1년 과정까지 다양하게 운영되고 있어서 몇 개월이 걸린다고 단정하기는 어려워요. 일반적으로는 헤어 분야의 교육기간이 좀 길고, 피부 분야의 교육기간은 다소 짧은 편이죠. 시작한 시기에 따라 다르겠지만 학원을 다니며 자격시험 일정에 맞춰 준비를 하다 보면 대략 3개월에서 1년 정도의 시간이 소요되는 것 같아요. 저 같은 경우는 학원에 다니고 시험에 합격하기까지 6개월 정도가 걸렸죠.

피부미용 국가자격시험은 어떤 시험인가요?

편 피부미용 국가자격시험은 어떤 시험인가요?

김 피부미용 국가자격시험에는 미용사 일반과 미용사 피부, 미용사 메이크업, 미용사 네일, 미용장 이렇게 다섯 가지가 있어요. 미용장은 최상급 숙련기능을 가진 전문 인력을 양성하기 위해 만들어진 자격이라 앞의 네 가지 시험에 대해서만 얘기할게요. 먼저 시험은 필기와 실기로 구분되어 있어요. 필기에 합격해야 실기를 볼 자격이 주어지죠. 필기는 객관식 4지 택일형이며, 100점 만점에 60점 이상이 되어야 합격이고요.

미용사 일반 시험은 미용 이론과 공중보건학, 소독학, 피부학, 공중위생법의 내용을 중심으로 평가하는 필기와 미용 작업 숙련도를 평가하는 실기로 구분되어 있어요. 최근 5년간 필기의 합격률은 30퍼센트, 실기의 합격률은 39퍼센트 정도고요. 미용사 피부 시험은 피부미용학과 피부학, 해부생리학, 피부미용기기학, 화장품학, 공중위생관리학의 내용을 중심으로 평가하는 필기와 피부 미용 실무를 평가하는 실기로 구분되어 있죠. 최근 5년간 필기의 합격률은 42퍼센트, 실기의 합격률은 39퍼센트 정도예요.

미용사 메이크업 시험은 메이크업개론과 공중위생관리학, 화장품학의 내용을 중심으로 평가하는 필기와 메이크업 미용 실무를 평가하는 실기로 구분되어 있어요. 최근 4년간 필기의 합격률은 60퍼센트, 실기의 합격률은 40퍼센트 정도고요. 미용사 네일 시험은 네일개론과 공중위생관리학, 네일미용기술의 내용을 중심으로 평가하는 필기와 네일 미용 실무를 평가하는 실기로 구분되어 있죠. 최근 5년간 필기의 합격률은 59퍼센트, 실기의 합격률은 47퍼센트 정도예요.

편 시험은 1년에 몇 번 시행되나요?

김 상시 시험이 자주 있는 편이에요. 한국산업인력공단이나 포털에서 일정을 검색하고, 자신에게 맞는 날짜를 선택해 접수하면 시험을 볼 수 있어요.

편 독학으로 자격증을 취득하기는 어려운가요?

김 시중에 나와 있는 문제집을 이용해 혼자 공부하며 필기시험을 보는 것은 가능하지만, 실기시험의 경우 혼자 해선 합격하기 어려워요. 실습을 통해서만 실기 합격이 가능한데, 개인적으로 학원이나 대학과 같은 실습 환경을 만들기는 힘드니까요.

편 미용사 피부 시험에 대해 더 알려주세요.

김 미용사 피부 자격은 2008년에 미용사 일반 자격에서 분리되었어요. 과거에는 피부미용업을 하려면 미용사 일반 자격증을 취득해야 했지만, 2008년 이후부터는 미용사 피부 자격을 취득한 사람이 피부미용업 영업 신고를 할 수 있게 되었죠. 실기 시험은 작업형으로 직접 모델을 데리고 와야 하는데요. 모델은 네일 컬러링과 같은 눈에 보이는 표식이 없어야 하고, 액세서리를 착용할 수 없어요. 전에는 문신도 없어야 했는데, 2021년부터 해당 규정이 변경되었죠. 모델이 준비가 되면 우선 1과제를 수행해야 해요. 피부 관리 계획을 작성하고 클렌징을 한 후 눈썹 정리, 딥 클렌징, 손을 이용한 관리, 팩, 마스크 및 마무리를 하는 거죠. 2과제는 팔과 다리 관리, 제모 시술이에요. 3과제는 림프 관리 시술이고요. 실기 시험에 배정된 시간은 2~3시간 정도인데, 해야 할 과제가 많으니 시간 안배를 잘 해야겠죠?

편 응시료에 모델비까지 자격증 취득에도 비용이 꽤 들어가네요?

김 그래서 보통은 언니나 동생, 친구 등 지인을 데리고 가요. 미용사 헤어 시험은 마네킹을 이용하지만 마네킹에 화장은 할 수 없으니 미용사 메이크업 시험에도 모델을 동반해야 하고요. 거기다 실기에 필요한 재료도 직접 준비해야 하니 재료비도 들죠.

편 자격증을 취득하면 바로 취업이 되나요?

김 물론 실력이 있는 사람은 바로 취업이 가능하지만, 실습 기간이 짧아 능숙하지 않은 사람은 어려울 수도 있죠. 학원에는 자격증 대비반도 있지만 연구반이나 실습반도 있으니, 실습을 더 해 보고 실력을 쌓고 싶은 분들은 이런 과정을 활용하면 될 거예요. 아무래도 손으로 하는 일이라 무조건 많이 해 보는 게 실력을 향상시키는 가장 좋은 방법이라고 생각해요.

고등학교 때부터 일찍 시작하는 게 좋을까요?

편 고등학교 때부터 일찍 시작하는 게 좋을까요?

김 장단점이 있어요. 일단 진로를 정하고 뷰티고등학교나 뷰티 학과가 있는 고등학교에 진학해 전공 분야를 차근차근 익혀나가면 탄탄한 기본기를 갖출 수 있고, 일찍 시작한 만큼 남들보다 빨리 사회 경험을 쌓을 수 있겠죠. 반면 이 일을 평생 한다고 생각하면 너무 일찍 시작하는 것이 지루함이나 번아웃을 가져올 수도 있어요. 다른 사회 경험이 부족해 우물 안 개구리가 되기도 쉽고요. 고등학교 때부터 미용 기술을 배우고 싶다면 가능한 다양한 활동을 통해 여러 분야의 사람들도 만나보고, 학교 교육 과정 외에 관심이 가는 다른 분야의 공부도 해 보면 좋겠어요.

다양한 경험을 통해 더 열린 마음을 가진다면 고객들과 소통하는 데에도 도움이 되고, 다른 분야를 공부하면서 흥미롭게 느껴졌던 대상이 슬럼프를 극복하는 하나의 방법이 될 수도 있거든요. 저는 화장품 회사에서 10년 정도 근무를 하고 뷰티 숍을 시작했는데, 당시의 경험이 운영에 여러모로 도움이 되더라고요. 화장품의 원리를 잘 알기 때문에 고객의 예민한 피부나 문제 피부를 관리하는 것이 훨씬 수월했죠. 직장 동료와의 관계를 통해 사람을 대하는 법도 배웠고요.

편 뷰티 관련 학과가 있는 고등학교는 어디인가요?

김 전국 시도에 뷰티학과가 있는 고등학교가 한두 군데씩 있어요. 한눈에 알아보기 쉽도록 표를 보여드리면 좋겠네요.

지역	학교	학과
강원도	강릉정보공업고등학교	미용디자인과
	강원생활과학고등학교	미용예술과
	춘천한샘고등학교	미용과 화장품응용과학과
경기도	경기경영고등학교	뷰티미용과
	안산국제비즈니스고등학교	미용과
	양동고등학교	미용예술과
경상남도	경남산업고등학교	미용예술과
	경진고등학교	뷰티과
	진영제일고등학교	미용예술과
경상북도	경북생활과학고등학교	피부미용과
	영주동산고등학교	미용과
	포항과학기술고등학교	뷰티케어과
광주시	동일미래과학고등학교	토탈뷰티과

지역	학교	학과
대구시	대구관광고등학교	뷰티코디네이션과
대전시	대전생활과학고등학교	토탈뷰티과
	대전전자디자인고등학교	토탈미용과
	유성생명과학고등학교	토탈미용과
서울시	동산정보산업고등학교	뷰티아트과
	서서울생활과학고등학교	국제뷰티아트과
	영산간호비즈니스고등학교	보건뷰티과
	화곡보건경영고등학교	뷰티아트과
울산시	울산미용예술고등학교	미용예술과
인천시	인천뷰티예술고등학교	뷰티아트과 코스메틱과
	인천생활과학고등학교	토탈미용과
전라남도	벌교상업고등학교	토탈뷰티과
	순천전자고등학교	바이오향장과
	전남미용고등학교	미용과
전라북도	학산고등학교	헤어미용과
제주도	한국뷰티고등학교	토탈뷰티과
충청남도	병천고등학교	미용과
충청북도	제천산업고등학교	뷰티미용과
	증평정보고등학교	뷰티미용과
	청주농업고등학교	바이오뷰티산업과

경쟁력을 갖추려면
어떤 준비를 하는 게 좋을까요?

편 경쟁력을 갖추려면 어떤 준비를 하는 게 좋을까요?

김 가장 기본적인 준비는 자격증 취득이에요. 앞서 얘기한 내용을 보면 합격률이 대부분 50퍼센트를 넘지 않는데요. 설렁설렁 준비하면 절대 합격할 수 없는 시험이란 뜻이죠. 필기시험에 대비해 이전에 출제되었던 문제를 여러 번 되풀이해 풀어보고, 실기시험 때까지 실습을 가능한 많이 해 보는 것이 중요해요. 제가 본 어떤 고등학생은 현장에서 네일아트를 배우고 싶은 마음에 무작정 네일 숍에 찾아가 가르쳐달라고 하더라고요. 원장님이 기특하게 봤는지 허락해 주었고요. 실습을 많이 해 보고 싶어도 여건이 되지 않는다며 불만을 토로하는 사람도 있겠지만, 열정이 있는 사람은 어떻게든 방법을 찾아내죠. 그 학생에게는 학원에서 배우는 것과는 또 다른 경험이 될 거라 생각해요.

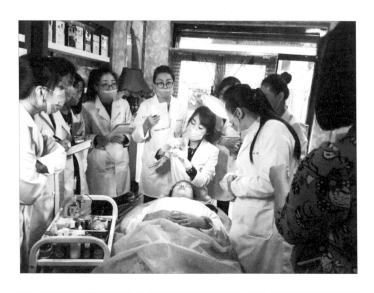

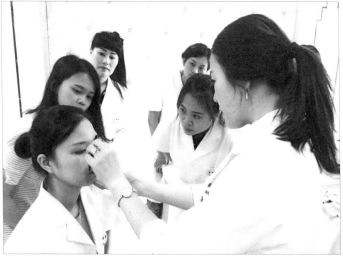

Job
Propose 42

유리한 전공이 있나요?

편 유리한 전공이 있나요?

김 아무래도 미용과 관련된 전공이 유리하겠죠. 미술대학 출신들도 업계에 많이 진출해 있는데요. 그림 실력이 뛰어나고 남다른 색감을 가져서 그런지 메이크업이나 반영구 화장 분야에서 활약하는 분이 많더라고요.

편 관련 대학은 어디인가요?

김 너무 많아서 관련 대학 역시 한눈에 알아보기 쉽도록 표를 보여드리면 좋겠네요.

전문대학	
가톨릭상지대학교	글로벌뷰티케어과
강릉영동대학교	뷰티미용과
경남도립거창대학	뷰티웰니스과
경남정보대학교	미용계열 피부·메이크업·네일전공 미용계열 헤어전공
경민대학교	뷰티케어과
경복대학교	뷰티코스메틱과 약손피부미용과 의료미용과 준호헤어디자인과
경북과학대학교	화장품뷰티과
경북도립대학교	보건미용과
경북전문대학교	뷰티케어과
경인여자대학교	뷰티스킨케어과 I Belle.헤어뷰티과
계명문화대학교	뷰티코디네이션학부 메이크업전공 뷰티코디네이션학부 피부미용전공 뷰티코디네이션학부 헤어디자인전공
고구려대학교	미용관광복지과
광주보건대학교	뷰티케어과
구미대학교	건강뷰티학부 피부미용맞춤화장품전공 건강뷰티학부 헤어메이크업네일아트전공
김포대학교	뷰티아트과 챠밍스켄케어과
김해대학교	뷰티케어과

대경대학교 메인캠퍼스 (경산)	분장예술과 뷰티학부 메이크업전공 뷰티학부 뷰티메디컬스킨케어전공 뷰티학부 헤어디자인전공 패션스타일리스트과
대경대학교 서울한류캠퍼스 (남양주)	K-뷰티과
대구공업대학교	메이크업분장예술과 피부&네일과 헤어디자인과
대구과학대학교	방송엔터테인먼트코디학부 방송메이크업네일피부 전공 방송엔터테인먼트코디학부 방송헤어전공
대구보건대학교	뷰티코디네이션과
대덕대학교	뷰티과
대동대학교	뷰티헤어디자인과
대원대학교	뷰티과
대전과학기술대학교	뷰티디자인계열 메이크업·네일디자인전공 뷰티디자인계열 헤어디자인전공
대전보건대학교	패션컬러·스타일리스트과 화장품과학과
동강대학교	뷰티미용과
동남보건대학교	뷰티케어과
동서울대학교	뷰티코디네이션과
동원대학교	의료미용과 헤어뷰티과

동의과학대학교	미용계열 피부미용전공 미용계열 헤어뷰티전공
동주대학교	미용계열 메이크업전공 미용계열 피부미용전공 미용계열 헤어디자인전공
두원공과대학교 파주캠퍼스	뷰티아트과
마산대학교	뷰티케어학부 피부미용향장전공 뷰티케어학부 헤어메이크업네일전공
명지전문대학	뷰티매니지먼트과 뷰티패션융합과
목포과학대학교	뷰피미용과
부산과학기술대학교	피부·메이크업·네일미용과 헤어&펫뷰티과 헤어브랜드전공
부산여자대학교	미용과
부천대학교	뷰티융합비즈니스과 뷰티케어과 뷰티디자인전공 뷰티케어과 헤어디자인전공
삼육보건대학교	뷰티융합과 뷰티헤어전공 뷰티융합과 의료미용전공
서영대학교 광주캠퍼스	뷰티미용과
서영대학교 파주캠퍼스	뷰티아트과(보건미용, 헤어아트)
서정대학교	뷰티아트과
서해대학	뷰티케어과
선린대학교	뷰티디자인과
세계사이버대학	피부미용뷰티학과
송곡대학교	K-뷰티과

송호대학교	뷰티케어과
수성대학교	뷰티스타일리스트과 피부건강관리과
수원과학대학교	뷰티코디네이션과
수원여자대학교	미용예술과
순천제일대학교	토탈뷰티미용과
신구대학교	뷰티케어과
신성대학교	보건미용과 뷰티헤어디자인과 화장품신소재과학과
안동과학대학교	뷰티아트과
안산대학교	뷰티아트과 의료미용과
여주대학교	뷰티미용과 뷰티약손미용과 준호헤어스타일과
연성대학교	뷰티스타일리스트과 메이크업전공 뷰티스타일리스트과 스킨케어전공 뷰티스타일리스트과 헤어디자인전공
연암대학교	뷰티아트과
영남이공대학교	뷰티스쿨
영진사이버대학교	뷰티케어학과
오산대학교	뷰티&코스메틱계열 패션스타일리스트과
용인송담대학교	뷰티케어과 스타일리스트과

전문대학

원광보건대학교	뷰티디자인학부 미용피부화장품과
인덕대학교	방송뷰티메이크업과
인천재능대학교	바이오코스메틱과 뷰티아트과
장안대학교	뷰티케어과 스타일리스트과
전남도립대학교	뷰티아트과
전주비전대학교	미용건강과
정화예술대학교 명동캠퍼스	미용예술학부 메이크업전공 미용예술학부 미용전공 미용예술학부 뷰티네일전공 미용예술학부 뷰티메디컬스킨케어전공 미용예술학부 뷰티·패션스타일리스트전공
제주한라대학교	뷰티아트과
조선이공대학교	뷰티아트과
진주보건대학교	피부미용과
창원문성대학교	미용예술과
청강문화산업대학교	패션스쿨
청암대학교	뷰티미용과
충남도립대학교	뷰티코디네이션과
충청대학교	미용예술과 의료미용과
한국영상대학교	방송헤어분장과
호산대학교	뷰티디자인과

대학교	
가톨릭관동대학교	뷰티디자인학과
건국대학교	K뷰티산업융합학과 화장품공학과
건양대학교	글로벌의료뷰티학과
건양사이버대학교	글로벌뷰티학과
경일대학교	K-뷰티화장품산업학부 뷰티케어전공 K-뷰티화장품산업학부 화장품산업전공
광주대학교	뷰티미용학과
광주여자대학교	미용과학부
남서울대학교	뷰티보건학과
대구한의대학교	바이오산업융합학부 화장품소재공학전공 바이오산업융합학부 화장품약리학전공 뷰티케어학과 화장품공학부
동덕여자대학교	토탈뷰티케어학과(야) 화장품학전공
동명대학교	뷰티케어학과
동신대학교	뷰티미용학과
디지털서울문화예술대학교	토탈미용예술학과
목원대학교	화장품뷰티학과
배재대학교	신소재·화장품공학부
서경대학교	미용예술학과 뷰티테라피&메이크업학과 헤어메이크업디자인학과

대학교	
서원대학교	뷰티학과 바이오코스메틱학과
성신여자대학교	뷰티산업학과
세명대학교	화장품·뷰티생명공학부
숭실사이버대학교	뷰티미용예술학과
신라대학교	뷰티비즈니스학과
신한대학교 의정부캠퍼스	뷰티헬스사이언스학부 뷰티헬스전공
안양대학교	화장품발명디자인전공
영산대학교 해운대캠퍼스	미용예술학과
용인대학교	미용경영학과
우석대학교 진천캠퍼스	패션스타일링학과
원광대학교	뷰티디자인학부 (코디메이크업·피부미용·헤어디자인 통합전공)
유원대학교	뷰티코스메틱학과 뷰티화장품학과
을지대학교 성남캠퍼스	미용화장품과학과
제주대학교	건강뷰티향장학과 최학 고스메틱스학과
중부대학교 고양캠퍼스	뷰티패션비즈니스학전공
중부대학교 충청캠퍼스	바이오화장품전공
중원대학교	의료뷰티케어학과
창신대학교	미용예술학과
청운대학교 홍성캠퍼스	뷰티산업학과
초당대학교	뷰티디자인학과

대학교	
한국국제대학교	미용예술학과 제약화장품학과
한라대학교	뷰티디자인학과
한서대학교	피부미용화장품과학과
한성대학교	뷰티디자인학과
호남대학교	뷰티미용학과
호서대학교	화장품생명공학부
호원대학교	뷰티산업학과

편 관련 대학에 입학하려면 어떤 준비를 해야 하나요?

김 대학마다 전형이 모두 달라요. 학생부 100퍼센트로 학생을 선발하는 곳도 있고, 학생부와 면접, 실기를 모두 보는 곳도 있죠. 지원하고자 하는 대학의 홈페이지에 들어가 입시 요강을 확인하고, 그에 맞게 준비하면 될 거예요. 자격증 특별전형이 있는 대학도 있으니 피부미용 국가자격증 중에서 한 가지 정도는 취득하는 것이 유리하겠고요.

편 경쟁률은 어느 정도인가요?

김 학교마다 다 다른데요. 수도권에 위치한 대학은 대부분 경쟁률이 높은 편이에요. 예를 들어 성신여자대학교는 수시 선발 인원이 적은 편이라 경쟁률이 높고, 수원여자대학은 학생들 사이에서 인기가 많아 경쟁률이 높죠. 서경대학교는 비교적 많은 인원을 선발하지만, 인지도가 높고 인기도 많은 대학이라 경쟁률이 센 편이고요. 내신이 1, 2등급은 돼야 합격할 수 있다고 하네요.

대학의 교육 과정이나 수업 방식이 궁금해요.

편 대학의 교육 과정이나 수업 방식이 궁금해요.

김 대학들은 창의적이고 경쟁력 있는 미용인을 양성하기 위해 전문적이고 실용적인 교육 과정을 운영하고 있어요. 피부와 헤어, 메이크업, 네일 등 미용의 전반적인 내용을 통해 기초 소양을 다지고, 고객 행동과 트렌드 분석, 마케팅과 같은 과목을 통해 응용력을 키울 수 있도록 하고 있죠. 대학마다 다르겠지만 전공의 특성상 실무

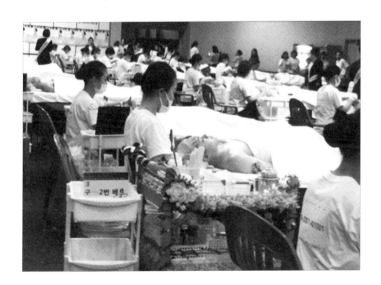

Job
Propose 42

기술을 향상시킬 수 있는 전공 실습이 많은 비중을 차지하고 있으며, 세미나나 인턴십, 뷰티 콘텐츠 제작 등 다양한 프로그램을 운영하고 있고요.

학생들은 전공 외에 일반 교양과목도 이수해야 하는데요. 기본적인 외국어 실력을 개발할 수 있도록 영어나 중국어 관련 교육이 필수 교양과목에 포함되어 있죠. 학제로 나누어 보면, 전문대학의 경우 기본 전공과 실습이 주가 되고, 4년제 대학은 기본 전공과 실습에 심화 전공이 더해져 더 깊이 있는 내용을 습득할 수 있게 커리큘럼을 구성하는 편이고요.

편 대학에서의 실습 경험이 실제 취업 후에 많은 도움이 되나요?

김 그럼요. 손으로 하는 일은 경험이 많을수록 유리하거든요. 대학의 실습 내용이 알차고 단단한지 실제로 뷰티학과 학생들을 아르바이트 직원으로 채용한 적이 있었는데, 참 잘하더라고요. 아무래도 학원보다 체계적이고 심화된 수업을 하고, 실습 기회도 많다 보니 학생들의 실력이 좋아진 것 같아요.

뷰티전문가로 성공하기 위한
팁이 있다면 알려주세요.

편 뷰티전문가로 성공하기 위한 팁이 있다면 알려주세요.

김 어떤 한 분야의 전문가가 되는 일이 하루아침에 이뤄지는 일은 아니잖아요. 오랜 시간을 해당 분야에 종사하며 전문 지식을 습득해야 하는데요. 그렇다고 어떠한 노력도 없이 오래 몸담고 있기만 한 사람을 전문가라고 할 순 없겠죠. 세월이 흐른다고 무조건 전문가가 되는 것이 아니라, 자신의 일을 좋아하고 오랫동안 꾸준하게 연구하며 공부해야만 전문가라 불릴 자격이 있다고 생각해요. 얼마 전에 한 인터뷰를 봤는데요. 올해 102세가 되신 연세대학교 김형석 교수님께서 이런 말씀을 하셨어요. "사람은 항상 공부를 해야 합니다. 뭐든지 배워야 합니다. 그렇지 않으면 정신이 늙어 버립니다. 사람들은 몸이 늙으면 정신이 따라서 늙는다고 생각합니다. 그게 아닙니다. 자기의 노력에 따라 정신은 늙지 않습니다. 그때는 몸이 정신을 따라옵니다."

교수님의 말씀처럼 꾸준하게 공부하는 자세는 매우 중요해요. 그래서 늘 연구하고 공부하기 위해 애쓰고 있죠. 뷰티뿐만 아니라 사람에 대한 연구나 말의 힘, 심리 분야까지 관심을 기울이고 있고요. 한 단계 더 성장하고 싶은 욕구와 배움에 대한 열망, 새로운 것에 대한 호기심이 많아 교육의 기회가 있다면 비용을 아끼지 않고 있는데요. 배움은 가끔 찾아오는 슬럼프를 이겨내게 해 주는 힘이 되기도 하고, 새로운 아이디어를 만들어 내는 계기가 되기도 하죠. 이런 식으로 노력을 멈추지 않고 계속해서 성장해 나간다면 성공한 뷰티전문가가 될 수 있지 않을까 싶네요.

편 필요한 자격이 있나요?

김 미용사가 되려면 공중위생관리법상 미용사 면허를 받아야 해요. 미용사 면허를 받지 않으면 뷰티 숍을 개설하거나 미용업에 종사할 수 없거든요. 앞서 얘기한 피부미용 국가자격증 중 하나를 취득했다 하더라도 미용업에 종사하기 위해선 따로 면허를 신청해야 하는데요. 면허를 받는 게 어려운 일은 아니에요. 자격증이 있으면 바로 면허를 받을 수 있죠. 자격증이 없어도 고등학교나 전문대학, 대학의 미용 관련 학과를 졸업했다면 미용사 면허를 받을 수 있고요.

외국어를 잘해야 하나요?

편 외국어를 잘해야 하나요?

김 많은 외국인이 국내의 뷰티 숍을 선호하기 때문에 외국인 고객이 꾸준히 늘고 있어요. 외국어를 잘 한다면 그들과 원활하게 소통할 수 있겠죠. 호텔 스파 역시 외국인 고객이 많은 곳인데요. 상대적으로 취업 조건이 좋은 호텔에 취직하고 싶다면 외국어는 필수예요. 케이 뷰티에 대한 관심이 높은 만큼 세계 시장으로 진출하려는 생각이 있다면, 당연히 어학 능력이 도움이 되겠고요. 기초적인 일상 회화가 가능하다면 영어와 중국어, 일어를 기본으로 한 뷰티 외국어를 공부해 보세요.

유학이 필요한가요?

편 유학이 필요한가요?

김 미용업에 종사하기 위해 유학이 반드시 필요하지는 않아요. 하지만 외국에서 전문적인 기술을 익히거나, 새로운 경험을 하기 위해 유학을 가기도 하죠. 주로 화장품이나 메이크업을 전공한 분들이 유학을 많이 가고요. 피부 분야의 경우 아직까지 그런 흐름은 없네요.

어떤 자질을 갖추어야 하나요?

편 어떤 자질을 갖추어야 하나요?

김 무엇보다 고객과의 소통 능력이 가장 중요한 자질이죠. 고객에 관해서라면 사소한 것까지 기억하고 교감을 나눠야 그들에게 가장 잘 맞는 스타일이나 적합한 시술을 권할 수 있거든요. 소통을 통해 상대를 정확하게 파악해야 그들의 장점을 극대화할 수 있고요. 손을 이용해 고객의 신체를 매만져야 하기 때문에 당연히 손재주도 요구되죠. 메이크업이나 헤어, 네일 분야로 가길 원한다면 일정 수준 이상의 미적 감각도 필요하고요.

자신만의 독창적인 스타일을 연출하고 싶다면 그것을 연구하고 개발하기 위해 계속해서 노력해야 하는데요. 그런 꾸준함은 성실함과 인내심이 바탕이 되어야 하죠. 마지막으로 꼼꼼함도 중요한 자질이에요. 메이크업이나 피부 관리를 할 때는 차분하고 조심스러운 손길이 요구되거든요. 물론 이러한 자질을 모두 갖추기는 어려워요. 그렇지만 자신이 부족한 점이 무엇인지 파악하고 보완하기 위해 계속 노력할 수는 있겠죠.

어떤 성격을 가진 사람들이 적합한가요?

편 어떤 성격을 가진 사람들이 적합한가요?

김 손님의 성향에 따라 자신을 카멜레온처럼 변화시킬 수 있는 사람이 이 일과 잘 맞을 것 같아요. 고객들 중에는 관리를 받으며 조용히 쉬고 싶은 사람도 있고, 웃고 이야기하며 그 시간을 즐기고 싶은 사람도 있잖아요. 그런 고객 개개인의 성향을 재빨리 파악해 조용히 시술을 한다거나 함께 담소를 나눈다거나 하는 거죠. 언젠가 말을 굉장히 빨리하는 고객이 왔었는데요. 거기에 저희 직원이 아주 차분하게 대답을 했더니 굉장히 답답해하더라고요. 사소한 일처럼 보이지만 직원의 응대는 고객이 편안함을 느끼는 요소이자 그들의 마음을 잡는 중요한 포인트라고 생각하기 때문에 그런 부분까지 세심하게 고려해 대응하는 사람이라면 이 일에 적합할 거라는 생각이 드네요.

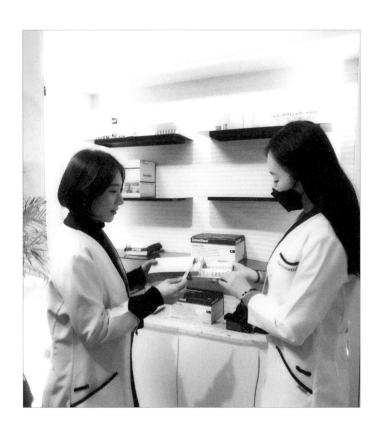

연봉은 어느 정도인가요?

편 연봉은 어느 정도인가요?

김 피부 분야 먼저 얘기해 볼까요? 제가 처음 창업을 했던 2006년도만 해도 학원을 졸업하고 바로 입사한 경우 초봉이 70~80만 원부터 시작했어요. 당시엔 기술을 습득하거나 경력을 쌓기 위한 과정이라고 생각해 월급이 적더라도 감수하는 경향이 있었거든요. 요즘엔 어딘가에 소속되어 처음 이 일을 시작하는 사람이라면, 월 급여가 보통 130~200만 원 사이에서 시작해요. 일반 직원에서 실장으로 직급이 올라가면, 300~500만 원대로 올라가고요. 실장 중에는 급여 대신 매출의 일정 부분을 인센티브 형식으로 받는 분도 있죠. 일반적으로 경력이 쌓여감에 따라 급여는 상승하지만, 보통의 기업처럼 정해진 급여 테이블은 없어서 그 금액은 원장의 재량에 따라 결정되는 편이에요. 직접 뷰티 숍을 운영하게 되면 매장의 규모나 여건에 따라 월 소득은 천차만별이에요. 뷰티 숍의 상황에 따라 다르겠지만 평균 금액을 유추해 보면 대략 300만 원 내외일 것 같네요.

다른 분야를 보면, 우선 뷰티업계 중에서도 헤어 분야의 매출이 높은 편이라 헤어디자이너의 연봉이 가장 높아요. 억대 연봉을 받는 분들도 꽤 있죠. 네일아티스트의 연봉은 평균 2,000만 원 정도이며, 기본 급여에 인센티브가 추가돼요. 경력이나 실력에 따라 기본 급여와 인센티브가 모두 올라가기 때문에 자신의 능력을 개발한다면 연봉은 더 높아질 수 있죠. 메이크업아티스트의 경우 초봉이 2,000만 원, 상위 50퍼센트는 2,700만 원, 상위 25퍼센트는 4,000만 원 정도라고 해요. 하지만 메이크업아티스트는 매우 다양한 분야에서 활동하잖아요. 그들이 일하는 곳과 경력, 실력에 따라 연봉이 달라지기 때문에 실제로 받는 금액과는 다소 차이가 있을 수 있어요. 대략적인 연봉이 이 정도라고만 생각하면 좋을 것 같네요.

편 뷰티 숍 개업에는 어느 정도의 비용이 필요할까요?

김 매장의 위치나 평수, 설비, 인테리어 등에 따라 다르겠지만 대략적인 금액을 얘기하면, 적게는 3,000만 원에서 많게는 몇억 원의 금액이 필요해요. 분야에 따라 초기 개업 비용이 많이 필요한 경우도 있고, 소자본으로도 창업이 가능한 경우도 있죠. 그런데 요즘에는 새로 뷰티 숍을 차리기보단 인수하는 경우가 많은데요. 그런 경우 소자본으로도 개업이 가능하겠죠.

직급 체계가 있나요?

편 직급 체계가 있나요?

김 피부 분야의 경우 일반 직원에서 실장, 매니저, 원장 순으로 직급이 올라가긴 하는데요. 직급 역시 보통 기업보단 유연하게 적용하는 편이에요. 경력이 얼마 되지 않더라도 다른 사회 경험이 풍부하고 고객 응대를 잘하는 경우 바로 실장으로 일하기도 하거든요. 저 역시 처음 이 일을 시작할 때 프랜차이즈 뷰티 숍에 입사했는데, 화장품 회사에서 일한 경력이 길어서 바로 매니저로 일하게 되었어요.

반면 헤어 분야는 스텝부터 시작해서 디자이너, 실장, 수석 헤어디자이너, 점장, 부원장, 원장 등으로 직급이 다양하고 승급 시험과 같은 규정이 좀 더 명확하죠. 네일 분야는 작은 규모의 숍인 경우 일반 직원과 원장처럼 간소한 직급 체계를 유지하지만, 대규모 네일 숍인 경우 인턴부터 주니어 아티스트, 아티스트, 디자이너 등으로 다양한 직급 체계가 있고요. 메이크업 분야는 일반적으로 스텝부터 메이크업아티스트, 수석 메이크업아티스트, 실장, 부원장, 원장 등의 직급 체계가 있는데요. 일반 뷰티 숍에서 근무하지 않고 화장품 브랜드에서 근무하는 경우 브랜드아티스트라는 직급을 갖

기도 해요.

편 실장과 매니저가 하는 일에는 어떤 차이가 있나요?

김 뷰티 숍의 실장이라면 보통 신입 피부관리사로 시작해 실장으로 진급한 케이스라 고객들의 피부 관리도 하면서 신입 직원의 교육도 맡고 있죠. 매니저는 뷰티 숍의 전체적인 관리를 도맡아 하는 사람을 말해요. 고객 상담이나 스케줄 관리, 광고, 매출 등 운영과 관련된 전반적인 업무를 담당하죠.

근무 시간은 어떻게 되나요?

편 근무 시간은 어떻게 되나요?

김 보통 9시 30분에 숍을 오픈하면 10시 정도부터 손님들이 오기 시작해요. 직장인들은 주로 퇴근 이후에 오기 때문에 그분들까지 관리를 마치면 9시 정도에 문을 닫고요. 영업을 하는 오전 9시 30분부터 오후 9시까지가 제 근무 시간이죠. 일반적으로 다른 뷰티 숍들도 비슷한 시간 동안 영업을 하는데요. 지역에 따라 다소 차이가 발생해요. 아파트 단지는 낮에 오는 손님이 많고, 상업 지구는 오후에 오는 손님이 많아서 그에 따라 운영 시간이 달라지는 거죠.

편 근무 형태도 궁금해요.

김 요즘에는 거의 모든 곳에서 주 5일 근무제를 시행하고 있어요. 공휴일은 전부 쉬고요. 대신 손님이 많은 토요일에 근무하고, 평일 중 하루를 쉬는 형태로 근무하게 되죠.

편 손님이 없는 시간은 어떻게 활용하나요?

김 직원들끼리 서로 시술을 해 주며 능력을 가늠하기도 하고, 부족한 부분을 연습하며 실력을 쌓기도 하죠. 매뉴얼을 다시 구성해 보기도 하고요.

근무 여건은 어떤가요?

편. 근무 여건은 어떤가요?

김. 예전에는 근무 환경이나 복지 여건이 그리 좋은 편은 아니었어요. 원장의 경영 철학이나 재정 상태에 따라 다르겠지만 최근 들어 여건이 많이 좋아졌죠. 저 같은 경우 화장품 회사에서 일할 때 정기적으로 단합대회를 하거나 야유회에 갔었는데, 그렇게 친목을 다지는 행사가 참 좋더라고요. 그런 경험도 있고 한 공간에서 함께

일하는 소중한 사람들이라 챙겨주고 싶은 마음도 커서 뷰티 숍을
운영하고부터는 직원들과 1박 2일 정도의 일정으로 단합대회를 가
지며 즐거운 시간을 보내고 있어요.

노동 강도는 어느 정도인가요?

📭 노동 강도는 어느 정도인가요?

김 피부든 헤어나 네일, 메이크업이든 모든 분야가 계속해서 신체를 사용해야 하거나 서서 해야 하는 일이라 노동 강도가 다소 센 편이에요. 피부 분야에 한해 얘기하자면, 전신 관리를 하게 되면 얼굴 관리를 하는 것보다 아무래도 힘이 더 들겠죠. 그런 이유로 전신 관리를 하지 않고 얼굴만 집중적으로 관리하는 숍들도 있어요. 전

신 관리가 힘이 들긴 하지만, 대신 한 사람만 관리하더라도 얼굴 관리에 비해 수익이 높은 편이에요. 전신 관리 1회에 20~50만 원 정도를 받는데, 보디에는 얼굴에 사용하는 고가의 특수한 제품을 사용하지 않기 때문이죠. 얼굴 관리는 하루에 5~8명까지는 가능한 수준이고요.

정년은 언제까지인가요?

편 정년은 언제까지인가요?

김 정년은 따로 없어요. 건강이 허락하는 한 언제까지고 일할 수 있다는 점이 이 일의 매력 중 하나죠. 제가 아는 어떤 분은 지금 65세인데도 전신 마사지 일을 하고 계세요. 건강관리를 굉장히 잘 하셔서 늘 밝은 에너지가 넘치고 여전히 힘도 좋으시죠. 저 역시 그분처럼 오래도록 이 업계에서 일하고 싶어요.

직업병이 있나요?

편 직업병이 있나요?

김 자꾸만 다른 사람의 피부와 얼굴을 유심히 관찰하게 되는 것이 제 직업병이에요. 관찰을 한 후 칙칙한 피부면 미백관리를 좀 받아야 하겠는데, 건조한 피부면 보습 관리만 받으면 참 좋겠는데 하고 생각하죠. 얼굴의 전체적인 생김새와 어울리지 않는 눈썹을 보면, 어떤 식으로 교정하면 인상이 더 나아질까 하는 생각도 하고요. 사실 얼굴의 주인은 눈이라서 눈을 돋보이게 하려면 눈썹을 꼭 알맞게 그려줘야 해요. 우선 눈썹을 그릴 때는 눈두덩과 이마의 길이에 비례해서 그려야 하죠. 눈이 좀 강하다 싶으면 눈썹은 부드럽게 그리는 등 그 둘이 조화를 이루도록 해야 하고요. 인상을 좌우하는 눈썹 화장을 제대로 하지 못한 모습을 보면 안타까운 마음이 들어요. 제가 아름답게 수정해 주고 싶은 생각도 들고요.^^

일할 때의 자세로 인해 오는 직업병도 있어요. 손과 팔을 오랜 시간 사용하거나 목과 등을 구부린 채 시술을 하게 되면 근육이나 관절에 통증이 올 수 있죠. 오래 서서 일하게 되면 허리나 무릎에 무리가 갈 수도 있고요. 이를 예방하기 위해서는 가능한 바른 자세를 유지하고, 일하는 중간중간 꾸준히 스트레칭을 해 주는 것이 필요해요.

뷰티전문가가 됐을 때
가장 걱정되었던 점은 무엇인가요?

편 뷰티전문가가 됐을 때 가장 걱정되었던 점은 무엇인가요?

김 어려서부터 워낙 뷰티에 관심이 많아서 이 일을 하게 되자 기쁘고 흥분되기는 했어도 특별히 걱정됐던 점은 없었어요. 어느 정도 소질도 있고 좋아하는 일이라 잘 해낼 거라는 생각도 있었고요.

뷰티전문가로서 가장
기억에 남는 순간은 언제였나요?

편 뷰티전문가로서 가장 기억에 남는 순간은 언제였나요?

김 어떤 고객은 단순히 관리를 받는다는 생각으로 왔다 가기도 하지만, 또 어떤 고객은 그 시간을 치유의 시간으로 여기기도 해요. 후자의 분들은 저희의 정성스러운 손길을 하나하나 느껴가며 몸의 피로를 회복하고, 근육의 풀어짐이 정신의 느슨함으로 이어지며 몸과 마음이 모두 이완되는 경험을 하게 되죠. 신체의 한 부위건 마음 한구석이건 특별히 아픈 곳을 알아차리고 그 부분을 어루만져 주면 힐링이 되었다며 굉장히 고마워하기도 하고요.

관리가 끝나면 정말 행복했다며 거듭 인사하는 분들도 있고, 가끔은 너무 감사하다며 큰 선물을 주는 분들도 있어요. 그런 사람들은 보통 시술의 만족뿐만 아니라 저와의 깊은 교감을 통해 마음의 치유까지 한 분들이죠. 그런 고객에게서 명품 브랜드의 구두나 신발을 받기도 했어요. 선물이 고가라서가 아니라 그만큼 내가 좋은 일을 했다는 생각이 들어 기쁘더라고요. 그분의 헛헛했던 마음을 너무 알 것 같아서 찡해지기도 했고요. 그런 순간들이 가장 기억에 남네요.

중국에서 있었던 일도 기억이 나네요. 해외에서는 한국의 뷰티전문가라고 하면 최고라고 인정을 해 줘요. 그런 인식 덕분에 출장을 갈 때면 너무나 큰 환대를 받곤 하죠. 중국 미용협회 세미나에 한국 강사로 초청된 적이 있었는데요. 천 명이 넘는 사람들의 환호와 박수갈채 속에 양쪽에서 에스코트를 받으며 레드 카펫을 밟고 무대로 올라갔었죠. 처음엔 그 환대가 부담스럽기도 하고 어색하기도 했지만, 굉장히 새로운 경험이었고 한국의 뷰티전문가 중 하나로 그 자리에 선다는 게 자랑스럽다는 생각도 들었어요.

다른 분야로 진출이 가능한가요?

편 다른 분야로 진출이 가능한가요?

김 그럼요. 뷰티 산업이 다양한 분야로 이루어진 만큼 진출 분야도 많은 편이죠. 우선 제가 다녔던 화장품 회사로 진출해 미용 분야를 연구하거나 마케팅, 제조 연구를 할 수 있어요. 뷰티 숍이 아니라 미용 제품을 취급하는 전문점을 운영할 수도 있죠. 석·박사 학위를 취득한 후 교육 분야로 진출해 고등학교 교사, 전문대학이나 직업기능대학의 교수, 미용학원이나 문화센터, 복지관의 강사로 일할 수도 있고요. 클라이언트의 이미지와 관련된 전반적인 사항을 조언해 주는 뷰티건설턴트나 결혼을 앞둔 고객의 뷰티 관리를 돕는 웨딩코디네이터가 될 수도 있어요.

　뷰티 숍에서 피부 관리를 하다 병원으로 진출해 에스테틱 업무를 할 수도 있고, 메이크업을 하다 영화나 드라마, 연극 무대에서 활약하는 특수분장사가 될 수도 있으며, 네일아티스트로 일하다 광고 모델이나 패션모델을 대상으로 콘셉트에 맞는 아트를 선보이는 네일코디네이터가 될 수도 있죠. 최근엔 뷰티크레이터가 되어 1인 방송을 하는 분도 많더라고요. 방송에 관심이 있고 영상 편집 능력이 된다면 유튜브 등을 통해 미용 제품이나 셀프 메이크업 방법,

셀프 헤어 연출법, 셀프 피부 관리법 등을 소개하는 일도 괜찮을 것

같아요.

현재 삶에 만족하세요?

편 현재 삶에 만족하세요?

김 보통 따뜻한 관심을 받으면 마음이 풀어지게 마련이잖아요. 누군가의 얘기를 잘 들어주면 좋은 사람이라는 평가가 쉽게 따라오고요. 저 같은 경우 처음에 고객이 오면 오늘의 컨디션이나 좋았던 일 등을 물으며 관심을 표하고 편안한 분위기를 조성해요. 시술을 하는 중에는 고객의 얘기를 경청하며 공감하기 위해 애쓰고요. 그럼 대부분의 분들이 만족해하고 행복해하죠. 별로 큰 힘을 들이지 않고 대화의 기술을 통해 매일매일 누군가를 행복하게 만들 수 있다는 것이 얼마나 보람 있는지 몰라요. 그 기운이 전해져서 저 역시 행복한 감정이 올라오기도 하고요. 일이 저를 이렇게 즐겁게 만드는데 삶에 만족하지 않을 수가 없죠.

편 만약 직업 선택의 자유가 주어진다면, 뷰티전문가 외에 어떤 일을 하고 싶은가요?

김 저는 해 보고 싶은 일이 아주 많은데요. 그중에서도 가장 먼저 해 보고 싶은 건 성형외과의사예요. 사람들의 얼굴을 마주하다 보면 늘 아쉬운 부분이 생각나기 마련인데, 성형외과의사가 되면 직접 해결할 수 있잖아요.^^ 답답해 보이는 눈은 쌍꺼풀 수술을 통해 시원하고 또렷하게 만들어주고, 굴곡이 있는 콧등은 솟은 부분을 제거해 부드러운 인상을 만들어주고 싶어요. 우리의 인체와 정신 세계에도 관심이 많아서 한의사와 심리상담사도 해 보고 싶고요.

피부 유형별 관리법

여러분은 이제 미용사 피부 자격증을 취득하고 프랜차이즈 뷰티 숍에서 근무하게 되었어요. 오늘도 많은 고객들이 뷰티 숍을 찾을 예정인데요. 고객의 피부 유형이나 상태, 컨디션 등을 꼼꼼히 확인한 후 그들에게 가장 적합한 관리법은 무엇인지 생각해 보세요.

CASE

1

첫 번째 고객은 각질로 인해 화장이 잘 받지 않아 고민인 분이에요.

내가 생각하는 피부 관리법

우리의 피부는 환절기가 되면 피지 분비가 줄고 피부 표면의 수분 함유량도 감소해 당김이 심해지고 건조함을 느끼게 되죠. 건조해 지면 각질이 일어나고 탄력을 잃게 되고요. 건강한 피부라면 자연 스럽게 오래된 각질 세포가 제거되지만, 피부 상태가 좋지 않다면 각질 세포가 제대로 제거되지 않고 피부에 남아 껍질이 벗겨지는 것처럼 하얗게 일어나고 화장을 해도 들뜨게 되죠.

고객이 지성 피부인 경우 피지 분비가 많아 모공이 잘 막히고 각 질이 두껍게 쌓이기 쉬우므로 클렌징을 꼼꼼히 해 줘야 해요. 끈 적임이 많은 제품보다는 산뜻한 리퀴드나 젤 타입의 제품을 이용 해 클렌징을 해 주고, 스팀타월로 모공을 열어준 후 스크럽 제품 으로 각질을 제거해 주세요.

고객이 건성 피부인 경우 지나친 각질 제거는 피부를 더욱 건조하 게 만들 수 있으므로 주의가 필요해요. 코와 이마 등 피지 분비가 많은 T존 부위에 스크럽 마사지를 해 주고, 스티머를 이용해 모공 을 열어주는 동시에 수분을 충분히 공급해 주세요. 에센스와 크림 을 1:1 비율로 섞어서 영양 마사지를 해 준 후 보습팩으로 마무리 하고요.

고객이 복합성 피부인 경우 스팀타월을 이용해 모공을 열어준 후 눈가와 입가를 제외한 얼굴 전체에 각질 제거제를 펴 발라 노폐

물과 각질을 제거해 주세요. 피지 분비가 많은 T존 부위는 극세사 타월을 이용해 부드럽게 둥글리듯 마사지해 주고, U존 부위는 세심하게 마사지해 주는 것이 좋아요.

고객이 민감성 피부인 경우 시원하고 끈적임이 없는 워터 클렌저를 이용해 클렌징을 해 주세요. 각질을 제거하기 전 노출이 적은 팔 안쪽에 소량을 발라본 후 적합성 여부를 테스트한다면 고객도 안심하고 관리를 받을 수 있겠죠? 별다른 이상이 없다면 알갱이가 없는 부드러운 각질 제거제를 이용해 부드럽고 가볍게 마사지하며 각질을 제거해 주세요.

CASE 2

두 번째 고객은 이마에 난 여드름 때문에 고민인 분이에요.

🌸 내가 생각하는 피부 관리법

앞머리를 내리는 것이나 턱을 괴고 있는 것, 엎드려서 자는 것처럼 피부에 압박이나 마찰을 가하는 생활 습관은 여드름을 발생시키거나 악화시킬 수 있어요. 손을 이용해 함부로 여드름을 짜게 되면 염증을 유발해 흉터를 남기기 쉽고요.

건성 피부인 경우 여드름과 같은 피부 트러블 발생이 적다고 생각하지만 유수분 밸런스가 깨지면 종종 트러블이 발생하기도 해요. 적정량의 유분은 피부를 진정시키고 각질을 줄여줄 뿐만 아니라 수분 증발을 막아주고 피부 지질층을 강화해 주므로 유수분 밸런스를 유지하는 것은 매우 중요하죠. 수분팩을 이용해 영양과 수분을 공급해 주세요.

중성 피부인 경우 트러블 발생 빈도가 낮지만, 겨울철 급작스러운 실내외 온도 차이나 오염된 환경 등으로 인해 성인 여드름이 발생하기도 해요. 깨끗한 클렌징과 각질 관리를 통해 모공 속 노폐물을 깨끗하게 정리해 주세요.

지성 피부는 먼지나 노폐물이 쉽게 달라붙어 여드름이나 뾰루지, 각종 트러블이 빈번하게 발생하죠. 각질로 인해 모공이 막혀 피지가 밖으로 배출되지 못하면 여드름이 발생하기 때문에 살균제가 함유된 제품을 이용해 꼼꼼하게 클렌징을 하고, 피지 스케일링을 한 후 머드팩을 이용해 각질과 피지를 제거해 주세요.

세 번째 고객은 뺨과 코 주변의 늘어난 모공 때문에 고민인
분이에요.

🌸 내가 생각하는 피부 관리법

모공이 넓어지는 피부는 노화 피부, 지성 피부, 건성 피부로 구분
돼요. 모공의 모양은 크게 세로로 길쭉하게 넓어진 모공과 동그랗
게 넓어진 모공으로 나뉘는데요. 노화 피부에서 발견되는 모공은
전자에 해당하죠. 피부에 수분과 유분이 줄어들고 전체적인 피부
탄력이 줄어 중력에 의해 피부가 아래로 처지면서 세로로 길게 넓
어지는 것이죠.

고객이 노화로 인해 모공이 넓어졌다면 충분한 보습과 영양 공급
을 해 주고, 리프팅 탄력 관리나 고주파 관리, 녹는 실 리프팅 관
리를 해 주세요. 천천히 오랫동안 노화가 진행되면서 늘어난 모공
은 단시간에 집중해서 관리한다고 해도 바로 해결되기는 어렵기
때문에 오랜 시간 꾸준히 관리하는 것이 중요하죠. 얼굴에 주름이
생기고 탄력이 떨어지게 되는 원인의 70퍼센트는 두피 노화이기
때문에 얼굴 관리 시 두피 관리도 함께해 주는 것이 좋고요.

고객이 지성 피부로 인해 모공이 늘어났다면 피지 조절이 관건이
에요. 지성인 경우 과도한 피지가 모공 입구를 막아 모공이 넓어
지기 때문이죠. 가능한 피부에 자극이 가지 않는 방법을 이용해
피지를 제거하고, 모공 입구에 노폐물이나 화장품 등이 쌓이지 않
도록 클렌징을 꼼꼼하게 해 주세요. 기초화장을 통해 보습도 충분
히 해 줘야 하고요. 지성 피부라 하더라도 유분이 너무 부족하면
피부가 스스로를 보호하기 위해 피지를 추가 생성할 수 있거든요.

고객이 건성 피부로 인해 모공이 늘어났다면 보습과 충분한 영양 공급이 관건이에요. 건성인 경우 과도한 각질이 모공 입구를 막아 모공이 넓어지기 때문에 충분한 보습과 각질 제거를 통해 관리를 해 줘야 하죠. 극건성 피부라면 크림 제형의 보습제만으로는 충분한 보습이 어렵기 때문에 오일 제형의 보습제를 사용해요. 건조함이 심한 경우 자극에 취약하므로 물리적인 각질 제거보다는 화학적 각질 제거가 적합하고요.

네 번째 고객은 눈가와 입가의 잔주름 때문에 고민인 분이
에요.

🌸 내가 생각하는 피부 관리법

겨울이 되면 피부의 수분 함량이 10퍼센트 이하로 떨어져요. 낮아진 기온으로 인해 피지선의 기능이 저하되면 피부가 건조해지고 각질이 생기면서 잔주름도 쉽게 발생하고요. 특히 눈가와 입가의 피부에는 피지선이 없기 때문에 보호막을 형성할 수 없어 쉽게 건조함을 느끼고 각질도 잘 생기게 되죠. 수분 증발 속도가 다른 곳보다 6배나 빨라 가장 먼저 수분을 빼앗기는 곳이기도 하고요. 또한 가장 많은 움직임이 있어 표정 주름이 많이 생기는 곳이기도 하죠.

일반적으로 잔주름을 완화하기 위해서는 고주파 심부열 관리를 통해 혈액순환을 도운 후 해당 부위를 부드럽게 마사지해 주죠. 스팀타월로 정리한 후 아이 마스크와 립 마스크로 피부에 영양을 공급하고요.

중성피부를 가진 고객인 경우 겨울철에 세안을 하면 약간의 당김은 있지만 유분 분비가 심하지 않아 큰 불편함은 없는데요. T존 부위 등에 부분적으로 각질이 발생하고 번들거릴 수 있어요. 따뜻한 물로 클렌징하고, 팩이나 수면 크림 등을 이용해 보습을 해 주는 것이 좋아요.

지성 피부를 가진 고객인 경우 피지 분비가 활발해 오염 물질이 쉽게 붙어 모공이 넓어지거나 트러블과 각질, 잔주름이 생기기 쉬워요. 꼼꼼하게 클렌징한 후 각질을 관리해 주세요. 수분 함량이 높은 팩을 이용해 수분도 공급해 주고요.

다섯 번째 고객은 노화 예방을 위해 관리를 받으러 온 분이에요.

🌸 내가 생각하는 피부 관리법

피부 노화를 일으키는 가장 큰 원인은 햇빛이에요. 햇빛에 지속적으로 노출되면 피부 깊숙한 곳까지 탄력이 떨어지고 피부 노화가 가속되죠. 피부 멜라닌 색소를 자극해 피부 트러블을 일으키거나 심하면 피부암까지 유발할 수 있고요. 노화를 예방하기 위해서는 평소에 자외선을 피하고, 햇빛이 강한 시간에는 외출을 삼가며 늘 선크림을 바르는 것이 필요해요.

얼굴을 중력 반대 방향으로 끌어올리는 마사지를 하는 것도 효과적이죠. 단, 주름이 생기기 쉬우면서 민감한 부분인 눈가는 중지와 약지를 이용해 가볍게 마사지해 주세요. 탄력 있는 피부를 위해 영양과 수분 공급도 필요하죠. 고객의 피부 유형에 따라 강력한 항산화 성분이 들어있는 비타민C나 안티에이징 성분이 들어간 제품을 발라주세요. 콜라겐 마스크를 해 주는 것도 좋고요.

뷰티전문가 김승아의 하루

저는 대학에서 피부미용학을 전공하고 뷰티전문가가 되었어요. 8년 정도 화장품
회사에서 근무하다 지금은 뷰티 숍을 운영하고 있죠. 오늘 저와 함께 다니면서 뷰
티전문가는 어떤 일을 하는지, 뷰티전문가의 하루는 어떻게 돌아가는지 경험해
보실래요?

AM 9:30 출근 ◇◇◇◇◇◇◇◇◇◇◇◇◇◇◇◇◇◇◇◇◇◇◇◇◇◇◇◇◇◇◇◇◇◇◇◇◇◇◇

출근 후 사무실과 숍을 정리하고, 오늘 예약된 고객 명단을 확인해요.

AM 10:00 뷰티 숍 오픈 ◇◇◇◇◇◇◇◇◇◇◇◇◇◇◇◇◇◇◇◇◇◇◇◇◇

첫 번째 예약 고객이 올 시간이에요. 고객 차트를 보니 피부의 탄력을 강화하기 위해 정기적으로 방문하는 분이네요. 이분에게는 먼저 두피와 페이스 관리를 해 줄 거예요. 첫 번째 관리가 끝나면 열에너지를 이용한 초음파 미용기기 관리가 들어가는데, 이는 피부의 탄력을 강화해 주는 프로그램이죠.

AM 11:30 ◇◇◇

두 번째 예약 고객은 자외선으로 인해 손상된 피부를 진정시키기 위해 방문하는 분이에요. 이분에게는 피부 진정 케어를 해 줄 건데요. 먼저 피부 보습 관리를 한 후에 톤 업 관리에 들어가야 피부 자극을 최소화할 수 있죠.

PM 1:00 점심시간 ◇◇◇◇◇◇◇◇◇◇◇◇◇◇◇◇◇◇◇◇◇◇◇◇◇◇◇◇◇◇◇◇◇

한 시간 정도 점심을 먹으며 휴식을 취해요.

PM 2:00 ⬦⬦

세 번째 예약 고객은 여드름 관리 프로그램을 받는 분이에요. 벌써 네 번째 방문이네요. 얼굴을 보니 다행히 처음보다 많이 좋아졌어요. 오늘은 여드름 자국 재생 관리를 해줄 거예요.

PM 3:30 ⬦⬦

오늘의 마지막 예약 고객은 미백 관리 프로그램을 받는 분이에요. 이분은 기미 때문에 고민인 분인데요. 피부 관리 영역 중에 가장 개선하기 힘든 것이 바로 기미죠. 기미는 오장육부의 이상이나 호르몬의 불균형으로 발생하는 내인성 기미와 자외선과 같은 외부적 자극으로 인해 발생하는 외인성 기미로 나뉘어요. 이 고객의 경우 과도한 레이저 관리와 자극으로 인해 색소가 형성된 상태죠. 이런 경우엔 피부 보호 기능을 더욱 강화시키는 관리가 필요해요.

PM 5:00 ⬦⬦

정리를 하는 중에 상담을 받고 싶다는 고객이 왔어요. 통통한 체형 때문에 고민이라고 하네요. 이분에게는 다이어트 해독 프로그램과 전신 관리 프로그램에 대해 안내해 드렸어요.

PM 6:00 퇴근

내일 예약된 고객 명단을 보며 특이사항이나 준비할 사항이 있는지 체크한 후 퇴근해요. 저녁에 모임 약속이 있어서 다른 날보다 일찍 퇴근했어요.

PM 7:00 저녁시간

오늘은 뷰티 숍을 운영하는 원장들과 모임이 있는 날이에요. 함께 저녁을 먹으며 뷰티업계의 최신 동향에 대한 정보도 나누고, 운영상의 애로사항도 얘기하는 소중한 시간이죠.

잘못 알고 있는 피부 미용 상식

우리는 저마다의 방식으로 피부를 관리하는데요. 매일 하는 나만의 피부 관리법이 잘못된 방식은 아닌지 체크해 볼 필요가 있어요. 아무리 열심히 관리를 해 줘도 잘못된 방법이라면 소중한 피부를 망쳐버릴 수 있거든요.

❋ 선크림은 봄, 여름에만?

자외선에 오래 노출되면 피부 속의 수분이 빠져나가 건조해질 뿐만 아니라 각질이 쌓이고 잡티가 생기기 쉬운데요. 햇볕이 내리쬐는 곳이 아닌 그늘에도 자외선은 존재하기 때문에 선크림은 사계절 내내 필수죠. 자외선으로부터 우리의 피부를 보호해 주는 선크림을 늘 휴대하세요.

❋ 피부 수분 공급, 물로 해결?

건조함을 느끼는 많은 사람들이 미스트를 사용하고 있는데요. 미스트는 간편하게 수분을 공급해 주는 편리한 제품이죠. 그런데 이러한 미스트의 역할을 물로 대신하려는 분들이 있어요. 메이크업 상태에서 피부에 수분을 공급하겠다고 물을 뿌렸다가는 오히려 미세한 물방울 입자들이 화장을 망칠 거라는 걸 기억하세요.

❋ 번들거리는 피부, 파우더로 해결?

더운 여름철에는 특히 땀 때문에 번들거리는 피부를 개선하기 위해 파우더를 덧칠하는 분이 많은데요. 당장은 파우더로 인해 번들거림이 나아진 것처럼 보이지만, 유분 제거 없이 파우더만 덧칠하게 되면 화장이 뭉쳐 지저분해 보이고, 모공이 막혀 피부 트러블이 발생할 수 있어요. 먼저 기름종이 등을 이용해 유분을 제거한 후 파우더를 덧칠해 주세요.

※
화장품은 실온보다 냉장 보관?

화장품은 직사광선이 비치지 않는 서늘한 곳에 보관하는 것이 좋아요. 그런 이유로 냉장고에 보관하는 분들도 있는데요. 화장품을 냉장 보관했다가 꺼내 쓰고, 다시 넣어두지 않았을 경우 실온에서 변질될 가능성이 많으니 주의가 필요해요. 특히 오일이 많이 함유된 제품이라면 내용물이 서로 분리되어 변질될 가능성이 많죠.

※
아기 화장품, 순하니까 어른에게도 좋다?

아기용 화장품은 피부가 건조해지는 것을 막아주는 기름 성분이 들어 있고, 방부제나 향의 함량이 극히 적어 어른에게도 좋을 거라 생각하는 사람들이 있는데요. 정작 어른들의 피부에 필요한 성분은 들어 있지 않기 때문에 성인에게 잘 맞는 제품은 아니죠. 여드름 피부인 경우 오히려 아기 화장품에 들어 있는 미네랄 성분이 부작용을 일으킬 수도 있고요.

※
메이크업을 하면 피부가 상한다고?

메이크업은 하는 것이 좋아요. 겨울철의 차가운 공기나 여름철의 자외선으로부터 피부를 보호하는 것이 메이크업이기 때문이죠. 외출할 때는 적당히 화장을 하는 것이 오히려 피부 미용에 도움이 된다는 사실을 기억하세요.

※
크림을 적게 바를수록 피부가 숨을 쉰다고?

지성 피부가 아닌 대부분의 사람은 20대 초반만 되어도 피부가 건조해지기 쉬워요. 건조한 상태가 지속되면 피부가 민감해지고 잔주름도 빨리 늘어 노화가 촉진되고요. 유분이 많이 함유된 제품을 두껍게 바르는 것은 문제가 될 수 있지만, 적당량의 크림을 발라주는 것은 촉촉한 피부를 유지할 수 있는 비결이죠.

❋ 뜨거운 찜질방에 찬 물수건?

찜질방의 뜨거운 열기로부터 얼굴과 머리를 보호하기 위해 찬 물수건을 사용하는 경우가 있는데요. 찜질방의 높은 온도 때문에 찬 물수건이 스팀타월로 돌변하기 때문에 이는 오히려 역효과만 가져오죠. 뜨거운 열기로부터 얼굴과 머리를 보호하고 싶다면 찬 물수건보다는 마른 수건을 사용하세요.

❋ 팩은 아무것도 바르지 않은 상태에서?

세안을 하고 맨 얼굴에 팩을 하면 오히려 효과가 떨어져요. 스킨으로 피부 결을 정리하고 팩을 하는 것이 훨씬 효과적이죠. 필 오프 타입의 팩인 경우 에센스를 충분히 발라 영양분이 흡수된 후에 팩을 하는 것이 사용 효과를 높이고 피부도 보호할 수 있는 방법이고요.

❋ 천연 팩은 모두 안전?

천연 식물에도 독성을 가진 것이 있으므로 약성만 보고 아무 팩이나 만들어 쓰는 것은 위험해요. 게다가 농약이 묻은 것을 사용하거나 팩을 만들 때 청결을 유지하지 않으면 오염이 되기 쉽죠. 시중에 나와 있는 제품 팩을 사용하거나, 천연 팩을 하고 싶다면 순한 과일과 채소 등 일반적으로 쓰이는 것들을 깨끗이 씻어 팩으로 만드는 것이 좋아요.

✻ 클렌저 하나면 세안 끝?

화장을 옅게 하거나 색조 화장을 하지 않은 경우엔 클렌저 하나로 세안해도 괜찮아요. 하지만 색조 화장을 한 경우는 다르죠. 일발 클렌징 제품으로 세안을 하게 되면 립스틱과 섀도의 색소가 완전히 지워지지 않고 피부에 남거든요. 색조 화장을 했다면 꼭 전용 리무버를 사용하세요.

✻ 클렌징제, 티슈로 쓱쓱?

많은 사람이 클렌징제를 티슈로 닦아내는데요. 그렇게 되면 티슈가 피부를 밀게 되므로 피부가 상할 수 있어요. 티슈보다는 천연 해면으로 만든 스펀지를 이용해 클렌징제를 닦아내는 것이 좋아요. 천연 해면 스펀지를 물에 적신 후 꼭 짠 다음 부드럽게 닦아내세요.

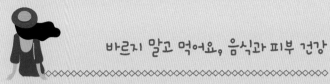

바르지 말고 먹어요, 음식과 피부 건강

우리의 피부는 우리가 먹는 음식의 영향을 받아요. 어떤 음식을 먹으면 피부에 트러블이 발생하기도 하지만, 어떤 음식을 먹으면 피부와 머리카락에 윤기가 돌기도 하죠. 어떤 음식이 우리의 피부를 건강하게 만들어주는지 음식과 피부 건강에 대해 얘기해 봐요.

#석류 #에스트로겐 #AHA

새콤달콤한 석류는 천연 식물성 에스트로겐을 많이 함유하고 있어 갱년기 여성들에게 특히 좋은 음식으로 알려져 있어요. 또한 석류 안의 미네랄과 각종 비타민은 건조한 피부를 맑고 생기있게 만들어주며, AHA 성분은 피부에 쌓인 각질을 제거하는데 효과가 있죠. 활성산소로부터 피부를 보호해 주어 수분을 잡아두는 역할도 하고요.

#레몬 #비타민C #바이오플라보노이드

레몬에 함유된 비타민C는 콜라겐을 만드는데 필수적인 성분이기 때문에 피부미용에 효과적이죠. 또한 자외선으로부터 피부를 보호하고, 세포가 죽는 것을 방지하는 바이오플라보노이드 성분도 함유하고 있어 피부를 건강하게 만들어 줘요.

#블루베리 #안토시아닌 #폴리페놀

블루베리에 풍부하게 들어있는 비타민과 미네랄, 안토시아닌 등의 성분은 피부 트러블을 진정시켜주는 역할을 해요. 항산화제 성분인 폴리페놀도 많이 함유되어 있는데, 이는 활성산소를 없애주며 탄력 있고 건강한 피부를 유지할 수 있도록 도와주죠.

#토마토 #라이코펜 #베타카로틴

토마토에 풍부한 라이코펜은 자외선에 노출될 때 발생하는 활성산소를 빠르게 제거하는 역할을 하기 때문에 피부결 개선에 도움이 되죠. 베타카로틴과 비타민A도 함유되어 있는데요. 베타카로틴은 항산화 작용을 하기 때문에 노화 억제에 도움이 되며, 비타민A는 콜라겐 생성에 도움을 주어 피부결을 지켜주는 역할을 하죠.

#해조류 #단백질 #식이섬유

해조류는 단백질과 당질, 비타민, 무기질 등이 풍부해 피부는 물론 건강에도 좋은 음식이에요. 해조류에 들어 있는 성분이 피를 맑게 해 주고 활성산소 생성을 억제해 주거든요. 변비가 생겼다는 것은 이미 신진대사가 정상적으로 기능하지 못한다는 것이고, 이런 상태에서는 낡은 각질이 잘 제거되지 않아 피부가 거칠어지는데요. 해조류는 식이섬유가 풍부해 변비 예방에도 좋죠.

#굴 #아연 #셀레늄

굴에 함유된 아연과 비타민A는 고운 피부결을 만들어줘요. 동의보감에는 굴이 피부를 윤택하게 하며 얼굴빛을 좋게 한다고 기록되어 있는데, 이것은 굴에 함유된 풍부한 비타민과 무기질 덕분이에요. 또한 굴에 들어 있는 셀레늄 성분은 노화를 억제하며, 멜라닌 색소를 분해하는 성분도 가지고 있어 색소 침착을 방지하는 데에도 도움이 되죠.

#연어 #오메가3

피부 당김이나 주름이 없는 피부가 되려면 겉으로 보이는 부분만 관리해서는 안 돼요. 속 건강부터 관리해야 흔히 말하는 혈색이 맑고 촉촉한 피부 미인이 될 수 있죠. 연어에 들어 있는 오메가3는 혈관을 깨끗하게 유지할 수 있도록 도와 우리의 속 건강을 지켜줘요. 피부의 보습력을 높이는 역할도 하고요.

#오리고기 #불포화지방산 #아미노산

오리고기에 들어 있는 불포화지방산은 피부에 좋다고 알려져 있어요. 오리고기에는 아미노산과 광물질도 풍부한데요. 아미노산은 피부 조직에 콜라겐을 공급해 피부를 건강하게 만들어주며, 광물질은 머리카락을 건강하게 만들어주죠.

#콩 #이소플라본 #비타민E

콩에는 이소플라본이라는 성분이 있는데, 이는 피부 세포의 성장을 촉진하고, 콜라겐 파괴를 억제하는 작용을 해요. 또한 콩 속의 비타민E와 B는 항산화제 역할을 하며 활성산소의 생성을 막아주는데요. 활성산소가 줄면 단백질과 DNA 손상이 감소하므로 잔주름을 예방하고 피부 탄력을 유지할 수 있죠. 콩에는 식물성 단백질도 풍부한데, 이는 피부에 영양을 공급해 주어 촘촘한 조직감을 유지할 수 있게 하며 수분 증발을 막는 역할을 하기도 해요.

#브로콜리 #케르세틴 #설포라판

브로콜리에는 강력한 항산화 물질인 케르세틴이 함유되어 있는데, 케르세틴은 항염과 피부 미용에 좋은 성분이에요. 또한 브로콜리에 들어 있는 설포라판이라는 성분은 우리의 피부를 건강하고 탱탱하게 만들어주죠.

#호박 #베타카로틴 #비타민A

호박에는 베타카로틴과 비타민A, E, C가 풍부하게 들어 있는데요. 이런 성분들은 항산화 작용 및 항염증 작용을 하고, 콜라겐을 생성하며 혈액 순환 개선을 도와 주름을 예방하고 노화를 늦출 수 있게 도와주죠.

#아보카도 #비타민E #지방

아보카도에는 비타민E가 풍부한데 이는 수분 흡수를 도와 겨울철 찬바람에 민감해진 피부를 진정시켜주고, 건조해진 피부를 촉촉하게 만드는 데에 도움을 주어 노화를 방지해 줘요. 아보카도에 들어있는 지방은 피부를 윤택하게 하며, 피부가 손상되는 것을 방지하는 데에 도움을 주기도 하죠.

#시금치 #비타민C #비타민B

시금치에는 비타민C와 비타민B, 미네랄 등이 풍부하게 함유되어 있는데요. 이러한 성분은 건조해서 푸석해진 피부를 촉촉하게 유지하는 데에 도움을 주고 노화 방지에도 탁월한 효과가 있죠. 시금치에 들어있는 비타민A, B, C는 모발의 성장을 자극하고 머리카락 두께를 두껍게 유지하는 데에도 도움이 돼요. 더불어 항산화 효과로 인해 피부 세포 재생에도 도움을 주어 수분 가득한 피부를 유지하도록 돕는 역할을 하죠.

#올리브오일 #비타민E #불포화지방산

올리브오일에 함유된 비타민E와 불포화지방산은 강력한 항산화 작용을 통해 뇌의 노화뿐 아니라 피부의 노화도 막아주는 역할을 해요. 올리브오일을 먹을 때에는 열을 가하지 않은 순수한 형태로 먹어야 필요한 성분을 온전히 얻을 수 있어요.

#다크초콜릿 #플라보노이드 #단백질

카카오 함량이 풍부한 다크초콜릿을 꾸준히 섭취하면 피부 재생과 보호에 도움이 돼요. 카카오의 플라보노이드 성분이 항산화, 항염증 작용을 하여 자외선으로부터 피부를 보호할 뿐만 아니라, 강한 햇빛으로 인해 손상된 피부를 재생해 주기도 하죠. 또한 단백질과 건강한 지방을 포함하고 있어 혈액 순환을 원활하게 해 윤기 있는 피부를 가꾸는 데에도 도움이 돼요.

편 어린 시절에 대한 이야기가 궁금해요.

김 저는 전라남도 장흥이란 곳에서 자랐는데요. 장흥은 바다와 맞닿아 있으면서도 산과 들이 드넓게 펼쳐진 곳이었어요. 덕분에 집 근처 논밭을 둘러싼 농촌의 모습과 광활한 바다를 마주한 어촌의 모습을 모두 보며 자랄 수 있었죠. 논과 밭, 바닷가가 모두 저의 놀이터였고 자연스럽게 자연의 색과 향에 민감해지게 되었어요. 수많을 풀들을 보며 우리가 초록이라고 부르는 색 하나도 얼마나 가지각색인지 알게 되었죠. 열매가 익으면서 바뀌는 빛깔이나 화려한 꽃잎의 색깔에 관심을 기울이게 되었고요. 시골에 살다 보면 계절마다 향이 다르다는 것도 느낄 수 있어요. 봄, 여름, 가을, 겨울의 기온이나 분위기가 모두 다르듯 각 계절의 향도 뚜렷하게 구분되죠. 이런 환경에서 자라서인지 색감에 유독 민감하고 감성이 풍부한 사람이 되지 않았나 싶어요.

편 형제가 있었나요?

김 저는 3남 3녀 중 막내로 태어났어요. 엄마가 마흔에 저를 낳으셨는데요, 늦둥이로 태어나는 바람에 조카들과 나이가 비슷한 상황이 되었죠. 지금은 그 조카들도 결혼을 해서 아이를 낳았는데, 그 중 큰 조카의 아이와 제 아이의 나이가 같고요. 워낙 형제가 많은

데다 다들 아이까지 낳고 보니 이젠 한 집에서 모두 모일 수가 없더라고요. 그래서 행사가 있을 때면 큰 독채 펜션을 얻어서 모임을 하곤 하는데, 그럼 정말 북적북적하죠.

편 어렸을 때 꿈은 뭐였나요?

김 어렸을 땐 가수가 되고 싶었어요. 반주 없이 가사만 외워서 노래를 부르곤 했죠. 주변 사람들이 성량이 좋은 목소리라고 칭찬도 해 주고, 중학교 땐 근처 고등학교의 밴드에서 보컬을 해 보라는 제의도 받았어요. 노래하는 일이 즐겁긴 했지만 절실하지는 않았던지 어느새 흐지부지 해지더라고요.

편 어린 시절, 특별히 기억에 남는 일이 있나요?

김 제가 어렸을 땐 서리라고 해서 남의 밭에서 과일이나 곡식을 따다 먹는 게 지금처럼 큰 죄가 아니었어요. 아이들의 장난으로 봐 주셔서 친구들과 함께 저녁에 모여 서리한 과일을 먹으며 놀기도 했죠. 근처 바닷가에서 바지락을 캐어 삶아 먹기도 했고요. 때론 산에 해먹을 치고 누워 가만히 바다를 바라보는 날도 있었어요. 농촌과 어촌이 함께 있으니 먹을 것도 풍부했지만, 무엇보다 자연의 아름다움을 느낄 기회가 많았죠.

중학교 때까지 마라톤 선수를 했던 기억도 나네요. 제가 보기와 다르게 기운이 좋았거든요. 체력장 종목 중에 오래 매달리기가 있잖아요. 어려서부터 나무를 타고 놀아서 이 종목이 전혀 힘들지 않았어요. 너무나 쉽게 매달려 있어서 중간에 손을 놓는 친구들이 이해가 안 될 정도였죠. 오래달리기 종목 역시 힘들기는커녕 뛸수록 힘이 나서 끝까지 페이스를 유지할 수 있었어요. 그런 제 모습을 눈여겨보신 선생님께서 마라톤을 가르쳐 주시고 육상 대회에도 출전할 수 있게 도와주셨죠.

편 마라톤을 그만둔 이유가 있나요?

김 당시 다른 학교에 마라톤을 정말 잘하는 친구가 있었는데, 큰 대회에 나가면 그 친구가 늘 일등을 하고 저는 매번 이등을 했어요. 중학교를 졸업하기 전에 그 친구를 한번 이겨보려고 열심히 훈련을 받았는데요. 선생님께서 그 친구를 이기면 도 대표가 되어 선수의 길을 가야 하는데, 그렇게 되고 싶은지 물으시더라고요. 바로 '아니요'라는 대답이 나왔죠. 분명 뛰는 게 즐겁고 대회에 출전해 좋은 성적을 받으면 기뻤지만 마라톤 선수를 직업으로 삼긴 싫더라고요.

편 중, 고등학교 시절엔 어떤 학생이었나요?

김 늘 명랑한 학생이었어요. 성적통지표를 보면 꼭 빠지지 않고 들어가 있던 평가가 '밝고, 활발하고, 명랑하고'와 같은 수식어였죠. 솔직히 공부에는 큰 관심이 없었고, 재미있고 신나는 일들을 하며 유쾌하게 보냈거든요. 좋아하는 노래를 하기 위해 합창부 활동도 열심히 했고요. 고등학교에 다니기 시작하면서는 연극반 활동을 하며 즐겁게 지냈죠.

편 대학 생활은 어떠셨나요?

김 전공 공부도 하고 동아리 활동도 하며 대학 생활을 즐기고 싶었는데요. 경제적인 이유로 동아리 활동 대신 아르바이트를 해야 했어요. 1학년 때부터 화장품 가게에서 판매 아르바이트를 했죠. 그런데 신기하게도 손님들이 제 얘기를 굉장히 귀 기울여 듣고, 제 추천을 신뢰하더라고요. 이 화장품엔 어떤 성분이 들어 있고, 어떤 작용을 하기 때문에 손님의 피부에 맞을 것이라고 추천하면 다른 제품을 사러 왔던 손님들이 제가 소개한 화장품을 사는 거예요. 저보다 경력이 훨씬 많은 선배들이 정말 잘한다며 칭찬을 해 주곤 했죠. 이때 저의 또 다른 재능을 발견한 것 같아요. 영업을 해야 하나 고민될 정도였죠.^^

편. 대학을 졸업하고 바로 이 일을 시작하신 건가요?

김. 아니요. 제가 대학을 다니던 시기에는 뷰티와 관련된 학과가 없어서 대학에서는 유통경영을 전공했거든요. 대학 졸업 후 미용학원을 수료하고 특수 분장 및 방송 메이크업을 하게 되면서 이 분야로 발을 내딛게 되었죠. 이후 8년 정도 화장품 회사에서 일을 했는데, 경력이 쌓이고 결혼도 하다 보니 뷰티 사업을 해 보고 싶더라고요. 어딘가에 소속되어 있지 않고 직접 숍을 운영하게 되면 제 시간을 자유롭게 관리할 수 있을 것 같아서요. 그러기 위해선 더 깊이 공부해야겠단 생각이 들어 피부미용학과로 편입을 하고 졸업 후에 석사학위까지 취득했죠.

편. 진로를 선택할 때 가장 중요하게 생각한 것은 무엇인가요?

김. 가장 중요하게 생각한 것은 제가 이 일을 정말 좋아한다는 사실이었죠. 미용은 제 적성에 맞는 일이자 다른 무엇보다 즐거운 일이었거든요. 거기다 단순히 돈만 버는 것보다는 일을 통해 사람들에게 즐거움을 주고 싶었는데 그것도 가능했어요. 뷰티전문가를 통해 더 나은 모습을 찾게 된 사람들은 만족감과 즐거움, 행복감을 느끼거든요. 작은 변화에 설렘을 맛보거나 한결 나아진 모습에서 자신감을 찾기도 하고요. 언뜻 사소해 보이지만 실제로 경험한 사람들은 그것이 우리 삶에 커다란 활력소가 된다는 사실을 잘 알아요. 사람들에게 그러한 긍정적인 감정을 줄 수 있는 일이라는 사실도 이 직업을 선택한 중요한 이유였어요.

편 진로를 선택하는데 영향이나 도움을 준 분들이 있나요?

김 언니가 미용실을 운영하고 있어서 실제적인 도움을 많이 받았어요. 언니의 일을 지켜보면서 좋은 직업이라는 확신도 가지게 되었고요.

편 직업관을 형성하는 데 도움을 준 책이나 영화가 있다면 소개해 주세요.

김 그런 책은 없어서, 대신 최근에 아주 감명 깊게 읽었던 책을 소개해 드릴게요. 『호오포노포노의 비밀』라는 책인데요. 호오포노포노란 한 마디로 인간에게 고통과 불안을 가져오는 왜곡된 기억을 걷어내고 무엇이든 새롭게 시작할 수 있는 제로의 상태로 돌아가게 하는 치유의 과정을 말해요. 이러한 정화 작업을 통해 부와 건강, 나아가 평화와 행복에 이르게 되는데, 정화하는 방법을 단계별로 차근차근 알려주고 실제로 내면의 정화를 통해 믿을 수 없는 변모를 거듭한 사람들의 경험을 소개하고 있죠.

가장 간단하게 실행에 옮길 수 있는 정화의 방법은 '미안해요', '사랑해요', '용서해 주세요', '고마워요'라고 말하는 것이에요. 참 쉽죠? 거짓말 같은 이야기지만 실제로 하와이 주립 종합병원 내 정신과 병동의 사연을 들으면 정말 놀라워요. 이 정신과 병동의 통제 구역에 격리 수용된 환자들은 대부분 살인이나 강간, 마약, 폭력 전과범들이었는데요. 환자들 사이의 폭행이나 환자가 직원을 폭행하는 일이 빈번하게 일어났고, 이로 인해 이곳에 근무하던 간호사나 의사는 결근을 하거나 그만두기 일쑤였죠. 그러다 휴 렌 박사가 병원에 오면서 병동의 모습이 완전히 달라졌어요. 병동의 격리실이 완전히 사라지고, 환자들이 자유롭게 돌아다닐 수 있게 되었으며, 퇴원하는 환자들이 늘고, 결근하거나 이직하는 직원도 없어졌죠.

이런 변화가 일어난 데에는 어떤 노력이 필요했을까요? 휴 렌 박사는 호오포노포노를 실행한 것뿐이었어요. 환자를 진료하거나 치료하는 대신 정신과 의사로서 문제를 유발하는 자신의 내면을 정화하는 데에 몰두했죠. 단지 환자들의 기록을 살펴보며 치유 작업을 실행했는데, 그가 혼자 치유 과정을 시작하면 환자들이 낫기 시작했다고 해요. 진심을 다해 '미안해요', '사랑해요', '용서해 주세요', '고마워요'라고 주문을 거는 것이었죠.

너무나 놀라운 변화라 저도 현실에 접목해 보려고 시도를 해 보고 있어요. 어떤 사람이 나를 힘들게 하면, 이러한 스트레스의 원인이 내 안에 있다고 생각해 보는 것이죠. 내 안에 있는 무엇이 문제를 일으키는 것인가 스스로에게 질문을 던지고, 상대를 향해 '미안하다, 죄송하다'라고 말했더니 정말 신기하게도 평소와는 다른 반응이 나타나더라고요. 실제 몇 차례의 변화를 겪고 나니 요즘엔 호오포노포노에 대해 생각하는 시간이 많아졌어요. 일상의 스트레스에서 벗어나 마음의 평화를 원하는 분들에게 추천하고 싶네요.

편 뷰티전문가가 되고 첫 출근한 날, 기억나세요? 어떤 생각이 들었는지 궁금해요.

김 뭐든 처음 하는 일은 설레거나 떨리기 마련이잖아요. 저 역시 이제 돈을 받고 하는 일이니 실습을 할 때와는 달리 실수를 하면 안 된다는 생각에 굉장히 긴장했던 기억이 있어요. 등줄기에 식은땀까지 났죠. 피부 미용 일을 하다 나중에 반영구 화장을 시작했는데요. 일반적으로 경험이 쌓이면 익숙해지고 편안해지는데, 이 시술은 경험이 있어도 매번 할 때마다 긴장이 돼요. 마치 첫 출근했던 날처럼요. 다른 사람의 눈썹 양쪽을 정확히 대칭으로 그려야 하는데, 실수하면 절대 안 되기 때문에 정신력이 강하지 않으면 하기 어려운 분야거든요.

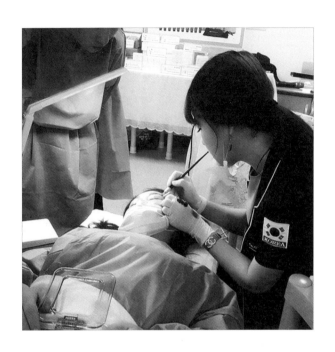

편 본인이 생각하는 자신의 장점과 단점은 무엇인가요?

김 말이 잘 통하지 않는 사람과도 친해질 수 있는 게 제 장점이라고 생각해요. 눈은 마음의 창이라고 하잖아요. 중국에서 일할 때도 말은 잘 통하지 않더라도 눈빛을 통해 서로의 마음을 읽고 교류하는 경우가 많았죠. 음, 단점은 컴퓨터를 이용한 섬세한 작업에 어려움을 느낀다는 거예요. 대학에서 강의할 때 학생들과의 수업은 정말 즐거웠는데, 성적 산출 작업을 할 때면 그 과정이 너무 복잡해서 좀 힘들더라고요. 모니터를 바라보면 눈도 쉽게 충혈되고요. 컴퓨터 앞에 오랫동안 앉아서 섬세한 작업을 하는 분들을 보면 부러워요.

편 중국에서는 혼자 일하셨나요?

김 중국에서 일하려면 비행기에서 기차로 갈아타며 목적지까지 가야 했는데, 처음엔 혼자 경유도 못 했어요. 누가 중간까지 데려다주면 기다리는 사람이 있었고, 그 사람을 따라 목적지까지 가곤 했는데요. 5년간 자주 왔다 갔다 하다 보니 어느 순간 혼자 척척 찾아다니게 되었죠. 통역도 마찬가지예요. 처음엔 현지인 통역사나 한국에서 데려간 통역사에게 도움을 받았는데, 경험이 쌓여감에 따라 시술에 필요한 기본적인 대화는 할 수 있게 되더라고요. 언젠가부터 그들의 언어가 조금씩 들리기 시작하더니 '눈뜨세요, 감으세요, 앉으세요, 누우세요. 어떠세요, 어떤 색을 원하세요'와 같은 대화를 나눌 정도는 되어서 통역사 없이 시술을 할 수 있게 되었죠.

편 꿈꾸던 것을 이루고 있다고 생각하세요?

김 그럼요. 사람들을 아름답게 매만지는 일을 하고 싶었는데 방

송 메이크업을 하고, 뷰티 숍을 운영하면서 그 꿈을 이루게 되었잖아요. 뷰티업계에서 어느 정도 자리를 잡게 되자 그동안 익힌 기술과 제가 경험한 것들을 후배들에게 나눠주고 싶은 소망을 품게 되었는데, 그 꿈 역시 대학에서 학생들을 가르치게 되면서 이룰 수 있었죠. 뷰티전문가로서 뷰티와 관련된 여러 대회에서 심사를 할 수 있는 기회도 있었고요. 꿈꾸고 소망하던 일들을 할 수 있게 되어 정

말 감사해요.

편 뷰티전문가라는 직업 선택에 만족하시나요?

김 네. 정말 만족스러워요. 사실 어떤 일이든 오래 하다 보면 슬럼프가 오기도 하는데요. 뷰티 산업의 경우 피부나 네일, 왁싱, 반영구 화장 등 분야가 매우 다양해 슬럼프가 오거나 싫증이 나더라도 다른 분야에 도전하며 어려움을 이겨낼 수 있다는 강점이 있어요. 각 분야가 전문화되어 있긴 하지만 피부 관리와 메이크업을 같이 하거나 네일아트와 반영구 화장을 같이 하는 분도 많죠.

저 같은 경우 반영구 화장을 시술할 때 슬럼프가 왔어요. 지워지지 않는 화장을 해 주다 보니 매번 조심스럽고 신경이 날카로워졌죠. 만족스럽지 못한 경우에도 돌이키기가 어려우니 내가 지금 잘 하고 있는 건가 하는 질문을 자꾸만 하게 되었고요. 돌파구를 찾지 못해 반영구 화장은 잠시 접어두고 피부 관리에만 전념했어요. 그런데 피부 관리 일을 하면서 다른 숍에서 반영구 화장을 받고 온 손님들의 눈썹을 보는데 하나같이 너무 별로더라고요. 내가 하면 훨씬 나을 거라는 생각이 들었고, 다시 반영구 화장을 시작했죠. 슬럼프가 오거나 싫증이 날 때 새로운 돌파구가 멀리 있지 않다는 사실이 이 직업을 만족스럽게 하는 점 중 하나라고 생각해요.

Job
Propose 42

Job
Propose 42

🖭 자녀가 있다면 권할 만한 직업인가요?

🖾 제 딸은 이미 뷰티전문가가 되겠다고 결정했어요. 제가 하는 일을 바로 옆에서 보고 자라면서 이 직업에 매력을 느꼈나 봐요. 미래를 향한 큰 결심을 한 만큼 선배로서 엄마로서 적극적으로 지원해 주고 싶어요. 중국에서 일했던 경험이나 그곳에서 쌓았던 인맥이 일하는데 큰 도움이 되어서, 아이도 중국에 가보면 좋을 것 같다는 생각이 들더라고요. 그런 얘길 했더니 딸도 좋다고 해서 이미 두 차례 중국의 국제학교로 연수를 다녀왔죠. 2020년 2월에도 중국 유학을 계획했는데 코로나19로 인해 무기한 연기된 상태예요.

🖭 그밖에 관심을 가지고 활동하는 분야 혹은 최근 새롭게 도전하는 분야가 있나요?

🖾 저희 뷰티 숍에 오는 분들의 경우 보통 30대는 미백에 관심이 많고, 40대는 물광 피부에 관심이 많아요. 그러다가 50대가 되면 거의 모든 분들이 탄력과 리프팅에 신경을 쓰죠. 저 역시 나이가 들어감에 따라 리프팅에 대해 생각하는 시간이 많았는데, 얼마 전에 피부 숍에서도 사용할 수 있는 리프팅 기기가 출시되었더라고요. 리뷰를 보니 리프팅 효과도 좋고, 매년 노년 인구가 증가함에 따라 수요도 더욱 늘 것 같아 저도 한 대 구입했죠. 요즘엔 이렇게 탄력

과 리프팅에 관심이 많아서 이와 관련된 관리법을 연구하거나 좋은 기기나 제품을 찾아보고 있어요.

🔲 뷰티전문가로서 앞으로 어떤 목표를 갖고 계시나요?

🔲 몇 년 정도 경험을 더 쌓은 후에는 후학 양성에만 전념하고 싶어요. 뷰티전문가라는 꿈을 가진 친구들에게 뷰티 분야의 전문 지식이나 기술은 물론 사람을 대하는 법의 중요성을 얘기해 주고 싶거든요. 이 직업은 절대 혼자 할 수 없죠. 누군가를 꾸미고 매만지는 일이라 필연적으로 어떤 대상과 함께 일할 수밖에 없는데요. 상대방을 이해하는 것이 얼마나 중요한지 간과하는 분들이 의외로 많더라고요. 한 마디로 영업 마인드가 부족해서 들어온 손님을 내쫓는 경우가 종종 있어요. 고객이 아니더라도 함께 일하는 동료와의 트러블로 인해 힘들어하는 사람도 꽤 있고요.

우리가 특정 브랜드의 제품을 사기 위해 판매점에 가야 한다고 해 봐요. 어느 판매점을 가던 같은 제품을 살 수 있지만 유독 어떤 지점에는 가기가 싫다면, 가장 큰 원인은 판매점 직원의 태도라고 생각해요. 불친절하거나 원하지 않는 제품을 추천하면서 우리를 불편하게 만드는 사람들이 있잖아요. 저는 적어도 손님을 불편하게 만드는 직원은 되지 않기 위해 사람들을 이해하는 공부가 반드시 필요하다고 생각해요. 그걸 학생들에게 가르치고 싶고요.

편 마지막으로 뷰티전문가를 꿈꾸는 청소년들에게 하고 싶은 말이 있다면요?

김 인공지능 기술의 발달로 인해 앞으로 10년 후에는 많은 직업이 사라진다고 하죠. 지금 이 순간에도 어떤 직업은 설자리를 잃어가고 있고요. 그렇지만 10년이 흐른다 해도 기계가 할 수 없는 일도 있겠죠. 아름다움과 관련된 일, 인간의 섬세한 손과 감각을 필요로 하는 일, 주관적인 해석을 필요로 하는 일들이 그런데요. 뷰티전문가가 하는 일도 그런 일 중 하나라고 할 수 있어요. 기계로 완전히 대체하기엔 굉장히 어렵고 까다로운 분야라 한동안은 인공지능에게 자리를 내어줄 일이 없다는 사실은 4차 산업혁명 시대에 굉장한 강점이죠. 아름다워지고 싶은 마음, 어려 보이고 싶은 욕구, 건강하고 밝은 피부에 대한 선망을 가진 사람이 매우 많으며, 자신을 가꾸고 관리하는데 아낌없는 투자를 하는 분들이 계속 늘고 있다는 점에서도 밝은 미래를 볼 수 있고요.

그렇다고 아무나 할 수 있는 일은 아니에요. 사람들을 매만지려면 우선 사람을 좋아하는 친구여야겠죠. 사람을 좋아하고 상대와 마음을 교감할 수 있는 감성을 가진 학생, 상대를 더욱 아름답게 만들 수 있는 상상력을 가진 학생, 상대의 욕구에 아주 민감하게 대처할 수 있는 학생이 이 일과 잘 맞을 거라 생각해요. 그런 친구들에게 이 일을 추천해요. 뷰티전문가를 꿈꾸며 외면의 아름다움에 대해 상상하고 내면을 단단하게 만들어나가는 친구들에게 이 책이 작은 도움이 되었으면 하네요. 늘 응원할게요!

청소년들의 진로와 직업 탐색을 위한
잡프러포즈 시리즈 42

마음의 행복을 만들어주는 뷰티전문가

2021년 3월 3일 | 초판1쇄

지은이 | 김승아
펴낸이 | 유윤선
펴낸곳 | 토크쇼

편집인 | 박가영
디자인 | 이민정
마케팅 | 김민영

출판등록 2016년 7월 21일 제2019-000113호
주소 | 서울시 서초구 나루터로 69, 107호
전화 | 070-4200-0327
팩스 | 02-780-0327
전자우편 | myys327@gmail.com
블로그 | http://blog.naver.com/talkshowpub
ISBN | 979-11-91299-08-3 (43190)
정가 | 15,000원